つなぐ命 つなげる心

東京大空襲を乗り越えて

無名偉人伝　町医者・中尾聰子

平野久美子

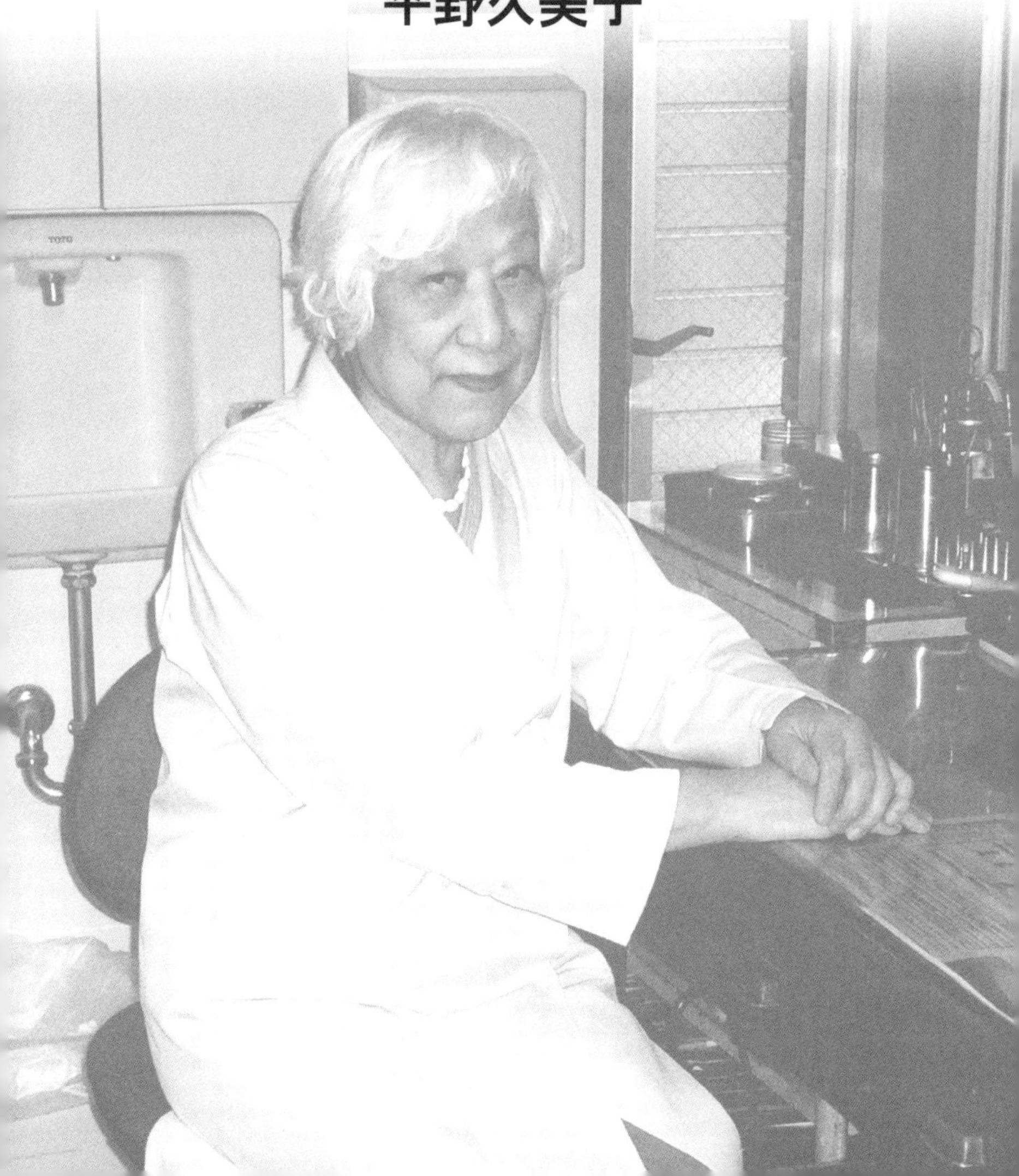

つなぐ命 つなげる心

東京大空襲を乗り越えて

無名偉人伝・町医者中尾聰子

目次

序　中尾聰子先生の思い出

「実地医家のための会」創立者
日本プライマリ・ケア連合学会名誉会員
医学博士　永井友二郎

中尾聰子《なかおとしこ》先生は、一九六三（昭和三十八）年の「実地医家のための会」創立以来、熱心に会の活動に取り組まれ、かつ学問的にすぐれた先生でした。

今では考えにくいことですが、創立当時、わが国の地域医療にたずさわる医師たちは自分たちの領域の課題にたいする研究会も学会も持っていませんでした。日本の医学界は明治以来、西欧医学を導入した大学を中心に成長、発展し、学会も研究会も大学とその傘下の大病院のものとして育ってきました。

これにたいし日本の伝統的な「町医者」は、杉田玄白のような先人もありましたが、近代医学の組織外におかれ、ひとりひとりが各自の経験をもとに孤独な学習をしていました。

私は太平洋戦争を海軍軍医として務め、戦後、千葉大学第二内科で堂野前維摩郷《どうのまえいまさと》教授から、「内科とは、病人ひとりひとりを頭の先から足の先までよくみるだけでなく、その病人の人間全体をよく理解して診療する科である。それゆえに内科は医学全体の中心の科である」との教えをうけました。つまり、内科とは医療の原点、本質を担うものなのです。

私はこの大学の内科を含め勤務医を十数年務めたあと、東京・三鷹市で開業しましたが、ここで、日本の開業医は大学や大病院の医師では診ることのできない、独自の領域をもっていることを発見し驚きました。たいていは軽度の、多くの日常病やその相談事ですが、命に危険な病状でも、たったいま起こったばかりの初期の診療を担っているのが「町医者」なのです。

私は日本の開業医の立場、責任を強く感じ、その当時まで町医者の領域の研究会も学会もなかったことに、これはなんとかしなければならないと強く感じました。

当時私はまだ四十歳。開業医としても駆け出しでしたが、ことの大きさ、重さを思い、親しい友人医師に呼びかけ、また東京慈恵会医科大学附属病院内科の阿部正和教授とも話し合い、まず研究会をつくり、やがては学会にしていこうと動き始めました。

私のこの活動にたいして、日本医師会の武見太郎会長、日本医事新報の梅澤彦太郎社長も同意して下さり、じょじょに全国的に会員が増えていきました。

中尾聰子先生はこの「実地医家のための会」の創立早期からの会員で、その志の深さ、高さがしのばれます。

私は、われわれの「町医者」の領域こそが、病人のための医学の中心であると考え、脳血管障害、心筋梗塞、風邪、医療事故などの診療の実態を多方面にわたって調査をしてきました。

その調査によって、昭和四十年代は、患者さんに心筋梗塞が突然起こった場合、入院させたケースが約四割、半数以上が往診治療していたことが判明いたしました。そして驚くことに、有効な治療法がなかった時代にもかかわらず、入院をさせずに往診治療で対処しても、自然治癒率が約五十パーセントあったことがわかりました。また、気象研究所の籾山研究室の協力で、急性心筋梗塞の発作が一定の気象条件と緊密に関係があることが証明され、心筋梗塞が一種の気象病であることもわかりました。

以上の心筋梗塞に関する研究は循環器科の権威であり、『心音図の手ほどき』という名著を出された森杉昌彦先生と共同で行いましたが、森杉先生は開業医ながら日本でもトップクラスの心音を聞きわける大家でいらして、虎の門病院の専門医を指導するほどの腕前をお持ちでした。

その森杉先生が、ある日私に次のようにおっしゃったことがいまでも強く耳に残っています。

「永井先生、この会に中尾聰子先生がおられるが、あの方はただものではありませんよ。すべてにおいてそう思うのですが、特に心臓のこと、心音のことに関しては多くの先生方の歯が立たない、大変な勉強家です」

私はそれほど深いおつきあいをしたわけではありませんが、例会での中尾先生の発言を聞くにつれ、医学への取り組みが非常に深く、またご自分に対しても厳しい方であることを感じておりました。

そうしたことから私は中尾聰子先生を、われわれの会の至宝として、少し遠くから畏敬しておりました。

あれはいつごろだったでしょうか。何かお困りのことがあったのかよくわかりませんが、私たちの会を辞めたいと申し出られ、惜しまれて退会なさいました。中尾先生が亡くなられたいまも、私はその気持をずっと持ち続けており、いまも懐かしく有り難く思い出す次第です。

序章　五十三年目の閉院

奥沢の町医者

東京二十三区のほぼ南西部に位置する世田谷区は、明治の中頃まで東京近郊の農村にすぎなかった。それが明治末期になると軍人、企業人、役人などいわゆる中産階級の人々が住宅を構え始め、大正の末期から昭和の初めにかけて鉄道会社と組んだ郊外型住宅の開発が盛んになっていった。

この物語の舞台となる世田谷区奥沢は、大正の末に目黒と蒲田を結ぶ目蒲線（註・現在の目黒線）が開通したことにより、田園都市株式会社が田園調布と並んで宅地造成を進めたエリアだ。それが契機となって町は発展し、現在の総面積は一・六七五平方キロメートル、目黒区や大田区と境を接しながら一丁目から八丁目まで広がっている。私が生まれ育った二丁目の実家付近は、戦前から海軍の軍人が多く住んでいたので、商店の御用聞きはみな〝海軍村の平野さん〟と言って我家にやってきたものだ。

本書の主人公が医院兼自宅にしていた「小児科内科中尾医院」は、奥沢五丁目にあった。「東急目黒線の奥沢駅から歩いてすぐの住宅地の中にあった医院は、二〇一二（平成二十四）年の晩秋、静かに幕を下ろした。

秋も深まって参りました
皆様お健やかにお過ごしのことと存じます。

さて私こと
老齢にもなり健康上の理由も加わりまして本年十一月末日を以て閉院することに致しました。昭和三十四年開院以来五十三年間もの永い間、地域の皆様初め諸方の皆様にお世話になりましたこと真に有り難く心から御礼申し上げます。

患者さまにご迷惑をかけますがそれぞれにご紹介し診療をお願いするつもりでおります。

よろしくお願い申しあげます。

なお引き続き同所に居住しておりますので折々にお訪ねいただければ嬉しく存じます。

皆様のご健康をお祈り申し上げます。

平成二十四年十月　中尾医院　中尾聰子

小さな医院を頼りにしてきた地元の人々は、閉院のお知らせを見ながら来たるべきものが来たことを悟っていた。院長の中尾聰子《なかおとしこ》（一九二五〜二〇一三）は九十歳に近い老齢のうえ、四人の子

秋も深まって参りました
皆様お健やかにお過ごしのことと存じます

さて私こと

老齢にもなり健康上の理由も加わりまして
本年十一月末日を以て閉院することに致し
ました　昭和三十四年開院以来五十三年間
もの永い間　地域の皆様初め諸方の皆様に
お世話になりましたこと真に有り難く 心から
御礼申し上げます

患者さまにご迷惑をかけますがそれぞれに
ご紹介し診療をお願いするつもりでおります
よろしくお願い申しあげます

なお引き続き同所に居住しておりますので
折々にお訪ねいただければ嬉しく存じます
皆様のご健康をお祈り申し上げます

平成二十四年十月　中尾医院

中尾聰子

医院前景より母屋を臨む（平成24年春）

2012 年に閉院を決意した聰子が送付したお知らせ

供たちはそれぞれ好きな道に進んだため、母親のあとを継いで医師になった者は一人もいなかったからだ。身内に限らず後継者がいなければ、どんな事業も商売も一代で終わりになる。看板を下ろした中尾医院はごくふつうの二階家に戻ってしまったので、ここに半世紀以上に及んだ医療の営みが堆積していることなど、通りがかりの人間が気づこうはずもない。

中尾医院が開業した昭和三十年代の奥沢駅周辺は、駅前にのびる自由通りに氷屋、お菓子屋、酒店、青果店、文房具店、薬局など地元資本の商店が並んでいた。だから、住民たちはこの小さな医院にも買い物のついでに薬をとりにやってきたり、店先でのおしゃべりをそのまま持ち込んできたものだ。しかし、いつのころからか駅の周辺にも全国的にチェーン店を持つドラッグストアやコンビニや外食店が進出して、昔ながらの町のぬくもりはだんだんと薄れていった。

奥沢だけの話ではないが、街並みの変化につれて地域のお医者さんの在りようも変わってきた。「整形外科」「脳神経科クリニック」「歯列矯正歯科」などと専門分野別の看板をかかげたり、高級サロンのような待合室や最新の医療機器を並べた検査室を備えた医院が出現。よそから車で出勤してくる医師は、地域の患者のひとりひとりを把握できているのだろうか？　中には、あまり患者と目を合わせずに、パソコン画面に映し出される検査の数値ばかりを見ている医師も見受けられる。

新米の母親たちや自宅での介護を望む高齢者にとっては、最先端の医院よりも、ともに歳月を重ねてきた地域在住の医師こそ灯台のような存在だと思うのだが……。だから、聰子の訃報を聞いたとき、「かけがえのない医師をなくした」、「地域の損失だ」と残念がる声が湧き起こった。

医者と病人の関係とは

病人にとって、その家族にとって、本来、医師の役割とは何だろうか？　病気をただ治すだけが医師の使命ではあるまい。

そのことを考えるとき、私には忘れられない思い出がある。それは十年前、叔母が思いもかけぬ亡くなり方をしたことだ。

病気ひとつしなかった六十六歳の叔母が、心臓の不具合を訴えたのは二〇〇四（平成十六）年の夏。近所の総合病院で精密検査を受けた結果、今後のことを考えて心臓の左心房僧帽弁の手術を決断した。わざわざ他県にある病院での手術を決めたのは、マスコミでもてはやされている心臓外科医がいて、数年前にその〝神の手〟に命をゆだねた叔父が技量に心服していたからだ。

入院の当日、その医師は叔母と家族に向かってにこやかに告げた。

「私の手術を受けた患者さんは二週間後に必ず笑顔で退院を迎えます」

もちろん叔母はその言葉を信じ自分の命を預けた。手術は成功したそうだ。ところが、想定外のことが起きたのである。叔母は手術後五日目の夜中に大動脈解離を起こした。明け方まで行われた救命治療の甲斐もなく、叔母は意識が戻らない状態に陥って、そのまま二週間後に亡くなった。

もちろん医学が万能とは思わないし、医療事故は常に起こりうる。突然の大出血の事態に若い当直医は気が転倒したのかもしれない。残念だったのは、術後、病人や家族が納得するような説明や細やかなケアが不足していたことだった。翌年、悩み抜いた末に叔父は医療裁判を起こした。その医師に執刀を頼んだのはほかならぬ叔父だったにもかかわらず。

裁判の準備を進める中で、私は叔父に頼まれて病院側の事情説明会に同席し、弁護士事務所へ提出するカルテや心臓病に関する資料集めを手伝った。こうした煩雑な作業を通じて思い知ったのは、専門的な医療知識の壁だった。

結局、裁判長の調停で慰謝料が払われ結審したものの、真相究明まではいかず、大病院のシステムにも何の言及もなかった。六年という膨大な時間がのしかかった叔父はすっかり老け込み、遺族は大きな徒労感を覚えた。

この裁判がようやく終わった二〇一一年。数十年ぶりに開かれた小学校の学年会で、中尾医師の次男の和日子《かずひこ》と再会した。卒業してから半世紀近い歳月がたっているうえ同じクラスになったことがなかったので、すぐに彼とはわからなかったけれど、同窓生というのは不思議なもの。昔の記憶をたぐるとあとは話がついてくる。そのときに、八十六歳になる母上がまだ地域医療の最前線でご活躍なさっていることを知り、感銘を受けた。心音の観察にかけては名医だと、以前から聞いていただけに、こういう町医者に日頃から診てもらっていれば……と、叔母のことが頭をよぎった。

二〇一四年の二月に和日子からメールが届き、母上の逝去を知った。メールには「一度母の遺した投稿記事などを見てほしい」と書いてあった。

後日、奥沢五丁目の中尾家におじゃますると、女学生時代からつづっていた短歌のノート、戦中の体験をつづった投稿記事、結婚前にやりとりした夫となる人や親族との書簡、エッセイやコラムのコピーなどが並んでいた。

「いつか自分の手でまとめようと思っていたらしい」と話す四人の遺児たちも、初めて目にするものがほとんどだという。医学会会報誌の記事をまとめたスクラップの中に「私はどちらかと言えば医師として対するよりもむしろ患者さんの側にいた」という文言を見つけて、叔母を亡くした心の傷がうずいた。

テーブルに積まれたさまざまな資料を手にするうち、

「少なくとも私は人を失うことの悲しみを知る医師ではあった。それが私の医療を貫くものであった」

という言葉が目に止まった。〝悲しみを知る医師〟とはどういう意味だろうか？　その真意を私は知りたいと思うようになった。

とはいえ、中尾医師と一度も話をしたことがない。私の実家は祖父の代の一九二七（昭和二）年から奥沢二丁目に居をかまえていたが、中尾医院よりもずっと古くから開業していた別の医院に世話になっていた。

三十年ほど前、自宅療養をしていた祖父のもとへ二、三回往診に来てもらったことがあった。

節目ごとに行きつけの写真館で撮っていた。1980（昭和55）年頃の聰子

そのご縁で、祖父が亡くなったときに死亡診断書をお願いした。中尾医師がやってきたとき、母屋の奥にある祖父の住居だった離れに案内をしたのが私だった。戦前のハリウッド女優のようなウェーブのついた銀髪にきりっとした顔立ち。ツィードのスーツ、ふくれた黒い革のかばん。すきのないいでたちで現れた女医は軽く会釈をすると、かつかつとヒールの音を響かせて

冬枯れの庭を横切っていった。祖父の死に対しては、簡潔ながら心のこもった挨拶をして帰られた。ほんの短い時間だったが、凛とした立ち居振る舞いとやや甲高い声が印象に残った。

私と中尾医師との接点はたったそれだけである。だが、一瞬の印象がジャイロコンパスになることもあるだろう。そう信じて、ひとりの町医者の航跡を追ってみたい。

「少なくとも私は人を失うことの悲しみを知る医師ではあった」という中尾聰子医師の言葉を解くために、まずは七十年前、先の戦争が終末に近づいたころにさかのぼる必要がある。

第一章　紅蓮の炎

敗戦への序章

大日本帝国の〝帝都〟が最初の空襲に見舞われたのは一九四二（昭和十七）年四月十八日のことだった。この空爆は、指揮官のアメリカ陸軍中佐ジェイムズ（ジミー）・ドーリットルの名前をとって、「ドーリットル空襲」とも呼ばれている。

その日、東京上空に侵入した十六機のB25は、日本の本土から一千三百キロメートル以上離れた海上の空母を朝早く飛び立ち、昼の十二時過ぎに東京上空に到達。当時の荒川、牛込、王子、小石川区を爆撃した。たった一時間ほどのうちに、負傷者四百数十名、全焼全壊家屋が百数十戸、半焼半壊家屋が数十戸という被害が出た。その後B25の編隊は、名古屋や神戸上空へも投弾してからゆうゆうと中国大陸のほうへ去っていった。本土防衛を担当している陸軍と大本営発表の戦果を頭から信じていた国民は、まさか帝都の真上に敵機が襲来するとは思ってもみなかった。

日本中に大きな衝撃がはしったドーリットル空襲を、アメリカ政府は真珠湾攻撃に対する復讐の始まりだと自国民に向かって宣伝し、対日戦争の士気を大いに盛りあげることに成功した。

帝都への初空襲に危機感を抱いた日本の軍部は、一九四二年六月五日にアメリカ軍の艦隊基地になっていたミッドウェー島を攻めるのだが、事前に作戦暗号が解読されて、空母四隻、重巡一

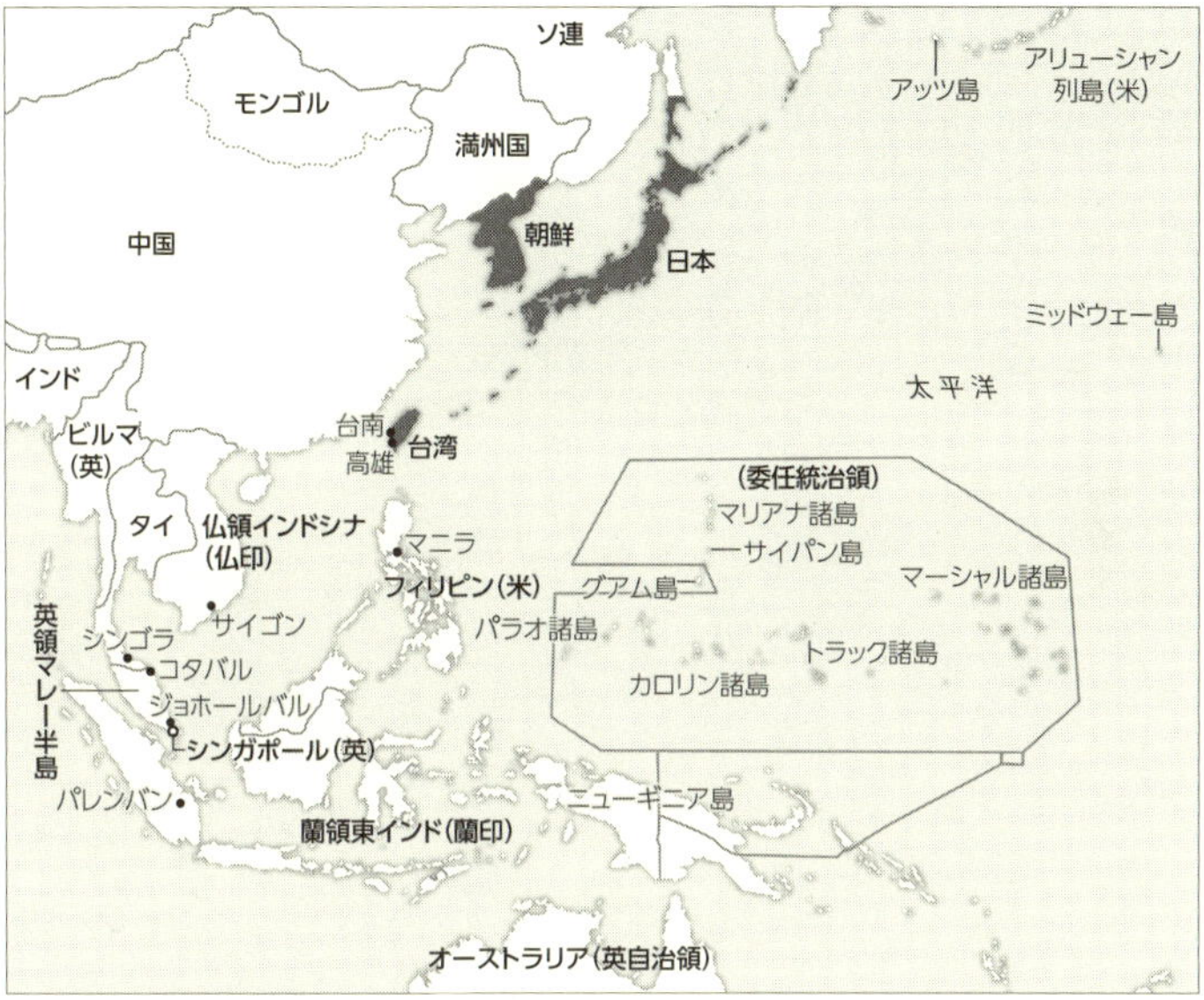

1942年の日本周辺
※『日本外交史別巻4地図』(鹿島平和研究所編)を参考に作成

隻、艦載機二百五十三機、戦闘員約三千五百名を失う大敗を喫した。これを境に戦いの主導権は完全にアメリカ側に移り、日本の戦況は急速に悪化していく。

大敗北に終わったミッドウェー海戦に、のちに日本プライマリ・ケア連合学会の立役者となる医学博士で、本書に「序」を寄せてくれた永井友二郎医師が二十四歳の海軍軍医として従軍していた。海軍の制服が知性あふれる端正な顔立ちによく似合う青年中尉は、千葉医科大学を卒業するとすぐに防疫担任艦「鈴谷」に乗艦し、第七戦隊の一員として広島県呉の港からミッドウェーに向けて出航した。一九四二年五月二十一日のことだった。

最初に米軍からの攻撃を受けたのは六月

六日。未明に空母艦隊は米軍との空中戦になり、沈む艦から救助された負傷兵を「鈴谷」の艦内にひきとり、永井たちは治療と水葬にあけ暮れながら呉の軍港へからくも帰還した。

一九四三（昭和十八）年四月には、山本五十六（一八八四〜一九四三）連合艦隊司令官が搭乗機を狙撃されてブーゲンビル島で死亡、翌年の一九四四（昭和十九）年二月にはトラック島、七月にはサイパン島、八月にはグァム島、十月にはレイテ島の守備隊がつぎつぎに玉砕した。

永井は、ミッドウェー海戦から生還した後もガダルカナル島との間を十三往復しながら任務にあたったが、トラック島沖でついに米軍機の空襲を受けて重傷を負う。だが奇跡的に一命をとりとめて、一九四四年四月に江田島へ戻ることができた。

このとき死とむかいあった体験をもとに、戦後永井は独自の死生観を説き、人間としての最期をどのように迎えるかを医師の立場から啓蒙して、ターミナル・ケアのあるべき姿に貢献した。

のちに中尾聰子は永井友二郎を師とあおいで、町医者の道をきわめるべく努力を続けるのだが、ふたりの邂逅にはまだ二十年ほどの歳月が必要であった。

運命の時は刻々と

帝都を襲ったドーリットル空襲から約二年半の間に、制空権を握ったアメリカ軍は、日本本土への空爆前線基地としてマリアナ諸島の飛行場を整備し、いよいよ都市部への本格的な空爆を広範に行う態勢に入った。一九四四（昭和十九）年十一月二十四日から東京への空襲をたびたび行い、十一月三十日には最初の夜間爆撃を敢行、それから敗戦の日まで休みなく夜間爆撃を続けた。

聰子の実家であり、父親が院長を務めていた「國谷医院」は、東京都本所区横川橋一丁目二十二番地にあった。現在の住所でいえば墨田区横川一丁目六番地にあたる。ＪＲ錦糸町駅北口から世界一高い電波塔スカイツリーへ向けて延びる通り沿いの一画だ。

聰子が生前に書き残したメモによると、医院をかねた実家は敷地が約三十二坪。家の角に茂る珊瑚樹は秋になると朱色のきれいな実をつけ、町工場がひしめく界隈ではかっこうの目印になっていた。

院長を務める父親の國谷《くにや》一武《かずたけ》は、目尻の上がった二重まぶたと鼻筋の通った面長の好男子で、柔道の選手のようながっしりとした体つきをしていた。

札幌で育った一武は、医師の家系を継ぐべく東京に出て、東京医学専門学校（註・戦前の旧学制における医学専門養成校）を一九二〇（大正九）年に卒業したあと、湯島の順天堂医院（註・現在の順天堂大学医学部附属順天堂医院）や北海道の帯広病院で小児科医として勤めた。一九二三年に、同じ北海道出身の小野木《おのぎ》キサと札幌で出会い結婚。一武は新妻を連れて東京へ戻ると、本所太平町に小さな借家を手に入れた。自分の医療拠点をつくった一武は、さっそく開業したのだが、ほどなく関東大震災にみまわれて、医院はあっけなく全焼してしまう。

未曾有の天災に見舞われても、若いふたりはめげなかった。一武は自力でバラックを建ててすぐに診療を再開し、一九二五（大正十四）年二月七日、仮住まいで第二子の長女聰子を授かった。聰子が「私のこの世での最初の記憶は焼け跡」と語っているのは、大震災からわずか一年五ヶ月後に生を受けたという意味である。

勤務医時代の國谷一武　26歳

さて、空襲が激しくなると、一武は責任感の強い性格から率先して地域の警防団に加わり、救護班の一員として隣組からも信頼を得ていた（のだろう、きっと）。ほとんどの学童はすでに疎開をしていたため、小児科医としての診察よりも、むしろ空襲でけがをした人々の手当てで忙しい毎日を送っていた。
通称「夜店通り」に面した小さな医院は、玄関を入るとすぐに畳敷きの待合室があり、その左手に診察室があった。急患に備えての配慮からか、五畳ほどの待合室には申しわけ程度に火の付いた火鉢が置かれていた。一階の奥が家族の茶の間と台所、二階は約八畳の部屋がふたつと三畳の部屋がひとつあり、そこに家族十人が暮らしていた。つましい生活である。

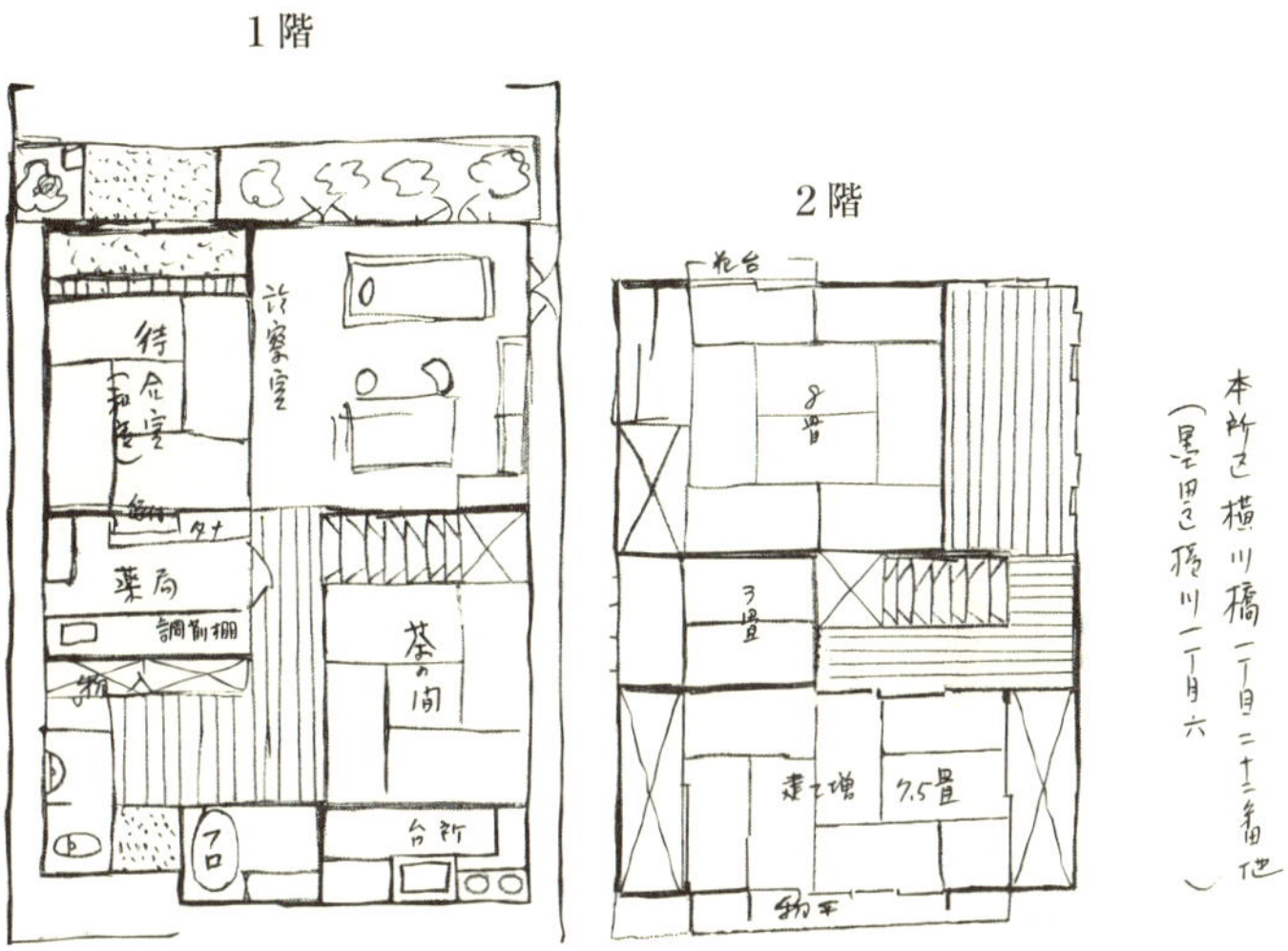

聴子が記憶をたよりに書いた國谷医院の間取り図

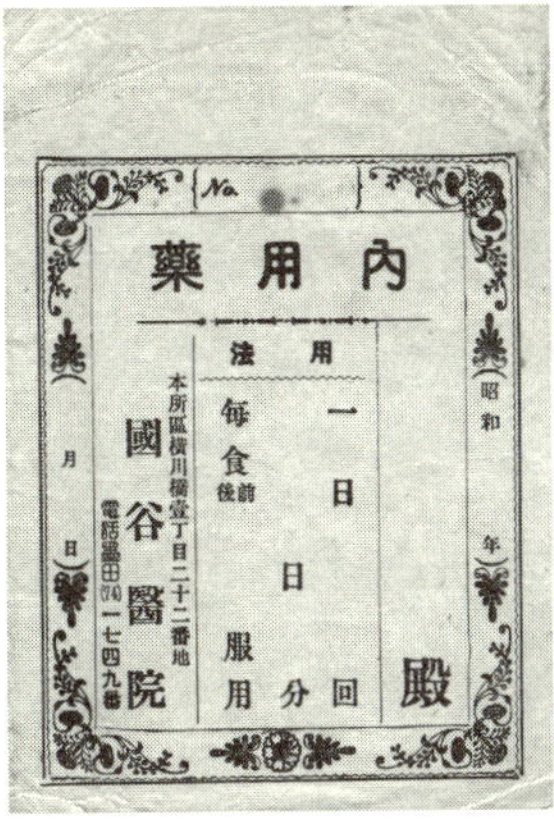

國谷医院の薬袋
聴子が大切に保管していた

一九四四（昭和十九）年十一月三十日の空襲は、中小の軍需工場が集まる東京の下町に狙いを定めて行われた。空からところかまわず、石油や燐を満載した爆弾が無差別に降ってくる。戦争を知らない戦後生まれの世代には想像もつかない恐ろしさだ。

この日の攻撃で、國谷医院の屋根に焼夷弾が命中して二階の座敷に突き抜けた。たちまち火の海となって布団や畳が燃え上がり、室内は着弾の威力でめちゃくちゃになった。たまたま家にいた一武と長

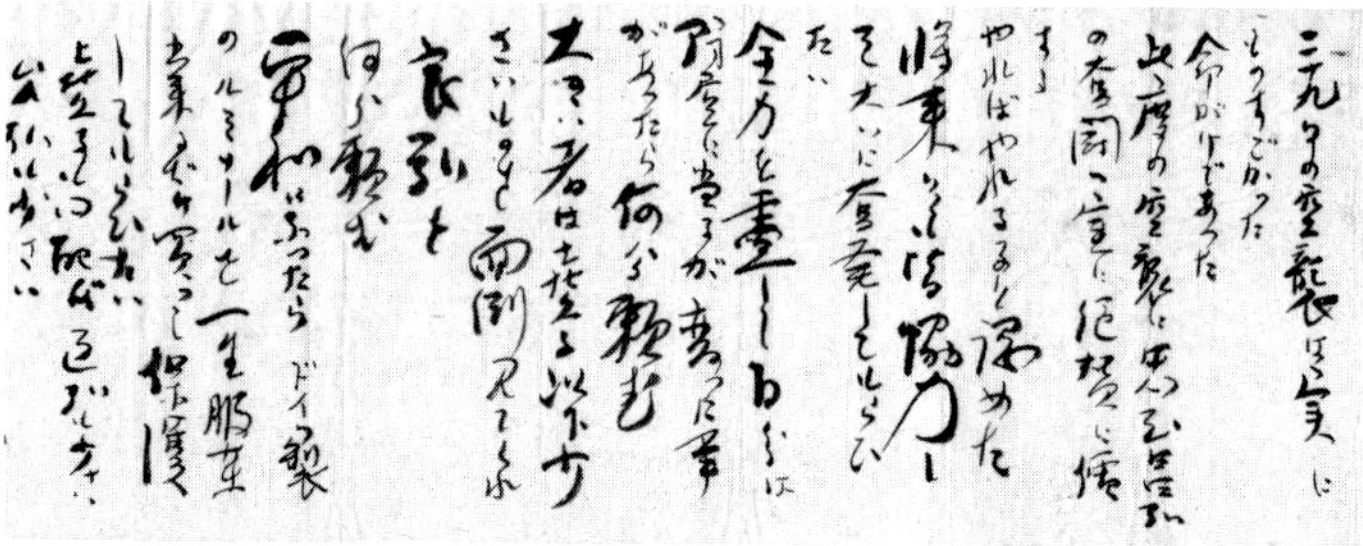

父一武が空襲の模様を聴子に知らせた手紙

男の忠弘《ただひろ》と次男の昌弘《まさひろ》が必死で消火にあたったおかげで、なんとか全焼は免れたが、周囲の民家は焼け落ちて國谷家だけがぽつんと残る有り様だった。

聴子はというと、都内の牛込区市ヶ谷仲之町（註・現在の新宿区河田町）にある東京女子医学専門学校（註・現在の東京女子医科大学、以下東京女子医専と称す）の防空壕の中で爆撃機の大音響に震えていた。三日後、聴子にあてて実家の被害の様子を書いた一武の手紙が届いた。文面からは、子供たちの行く末を心配する様子が切々と伝わってくる。三男の良弘《よしひろ》（十二歳）には持病があったため、とりわけ気にかけていたようである。

二十九日の空襲は実にものすごかった。命がけであった。
此度の空襲は忠弘、昌弘（註・長男と次男）の奮闘は実に絶賛に価する。やればやれる事と認めた。将来いつも皆、協力して大いに奮発してもらひたい。
全力を尽して存分に防空に当るが、変った事があったら何分頼む。大きい者は喜久子（註・三女）以下少さいものを面倒見てくれ。良弘を何分頼む。平和になったらドイツ製のルミナールを一生服薬出来るだけ買って保護してもらひたい。喜久子も心配だ、道弘も少さい、允弘も少さい。大きい者は大いに勉強して協力して指導してもらひたい。

重要書類はキサ子が持ってゐる。

今夜また空襲がありさうだ。健康を害しないやうに元気でやりなさい。

十二月二日　　父

聴子殿

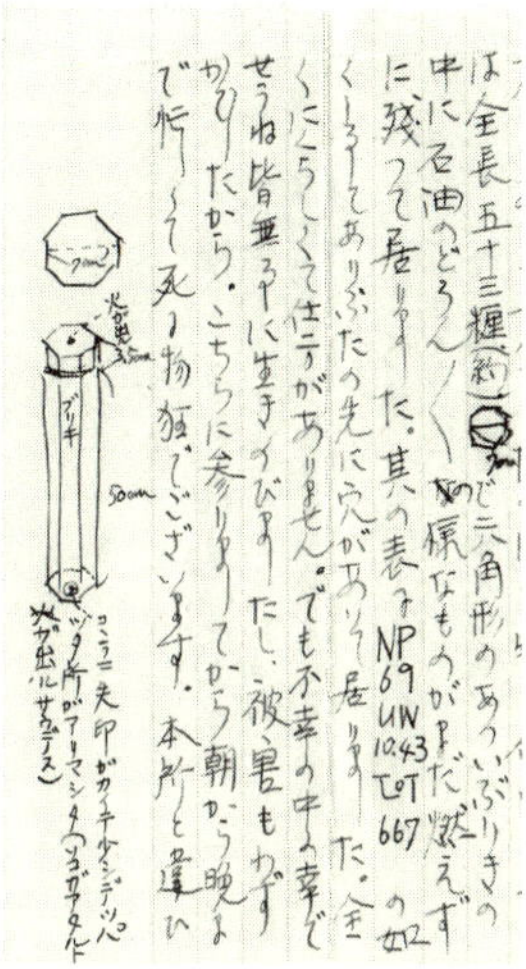
は全長五十三糎（約）で六角形のあついぶりきの
中に石油のどろんくした様なものがまだ燃えず
に残って居りました。其の表にNP 69 UW 10.43 T.O.T 667 の如
くしるしてありふたの先に穴があいて居りました。全
くにくらしくて仕方がありません。でも不幸の中の幸で
せうね皆無事に生きのびました。被害もわず
かでしたから。こちらに参りましてから朝から晩ま
で怖ーくて死ぬ物狂でございます。本所と違ひ

妹美意子が恩師の中尾和人へあてた手紙

半紙のような紙に一気に書いた墨文字。三百字ほどの言葉の中に、切迫した緊張感が漂っている。

もう一通の手紙を紹介しよう。被災の様子を妹（二女）の美意子《みいこ》（当時十六歳）が、音楽の恩師の中尾和人に十二月十二日付の手紙で知らせたものだ。手紙に添えられた爆弾のイラストが生々しい。

二十九日の空襲は実に夢の様でございます。少しあの時の様子をお知らせいたしませう。十二時三十分頃警戒警報が鳴りまして約十分位でしたせうか（原文ママ）。空襲警報が鳴り同時に敵機襲来で焼夷弾が落ちたと最後の人がたいひ（待避）したのと全く一所でした。（中略）あたりが急に明るくなって私の家のまどから火が出て居りました。そして二三軒先からずっと火事の様に燃えて居ります。もうだめと見定めましてから少し離れたお寺の空き地に逃げました。その時の気持今も忘れられません。（中略）雨の中に立って居りました一番下の弟が、ガタガタふるへてとても可哀想でした。

やっと死をのがれた気持で家の方に参りますと、意外家だけ残って隣も裏も家がくずれて煙で先が見えませんでした。又燃え上がりさうなので身体中くちぁくちぁになって消火につとめました。三十日六時頃やっと完全に消えました。そして二階に上がりますと、御座敷がめちあめちあ（原文ママ）でふとんがぶすぶすいぶって石油のにほひがぷん〳〵しました。

夜間空襲は年をまたいでなおも続いた。平和な世なら除夜の鐘の音とともに迎える新年だが、すでにお寺の鐘は金属供出のため取り払われて有るべき場所にない。除夜の鐘の代わりに空襲警報が不気味に鳴り響く中、人々は息をひそめて一九四五（昭和二十）年を迎えた。

早くも零時五分、B29爆撃機六機が飛来して、約六千メートルの上空から下町に六百八十三

（消防庁調べ・警視庁調べでは九百三）個の焼夷弾を投下。幸いにも大部分の地域で鎮火に成功したが、浅草では雷門周辺のかなりの店舗や民家が焼失した。一月二十七日には週末の銀座一帯が爆撃に遭い、二百五十名を超える死者が出た。二月に入ってからは十回、三月にも三回の空襲があり、警戒警報、空襲警報のサイレンが絶え間なく鳴り響くようになっていた。

このころになると、主食をはじめとする食料品から石けん、綿の縫い糸、タオル、ガスコンロなどの家庭用品までほとんどが配給制度となり、児童の集団疎開、防災のための建物取り壊し、灯火管制など市民への負担はますます大きくなっていった。町内のいたるところに防空壕が掘られ、消火用の貯水池がつくられ、近所から火の手があがれば隣組が総出で消火にあたった。いつどんなときに空襲に見舞われるかもしれないので、大人も子供も上着の胸には血液型と住所・氏名を書いた布地を縫い付けて、地下足袋で足もとを固め、防空頭巾を手元に置いて布団の中でまんじりともしない夜を送る。空襲警報が鳴ると防空壕に飛び込む。そんな緊張とストレスだらけの毎日を強いられていたのだ。

医学生の聰子は、連日病院に運び込まれる空襲の負傷者の看護や入院患者の世話にあけくれていた。十分な薬も衛生的な包帯もなく、床に敷いたむしろの上で寝かされて苦しむ人々に水を与え、声をかけ、その最期を看とるという辛い〝実習〟の日々……。

國谷家の人々

一九四五（昭和二十）年三月九日は、朝から底冷えがするほど寒く、春一番とは呼べぬほど、北よりの強い風が吹いていた。ただし、空は抜けるように高かった。毎日の天気が自分たちの命と直結しているなんていままでは想像もできないことだけれど、晴れれば高度一万メートルの上空からも爆弾は降ってきた。天気は軍の機密情報扱いとなり、太平洋戦争開始直後から天気予報の発表は中止となっていたので、人々は朝起きると、みな不安そうにまず空を見上げるのだった。

この日、國谷家は朝から子供たちのにぎやかな声に湧いていたはずだ。成城高等学校を卒業し、北海道大学医学部への進学を決めた長男の忠弘（二十二歳）のお祝いのために、聰子をのぞく兄弟七人が久々に顔を揃えていたのである。

母親のキサは、朝からわずかばかりの配給食や自宅で栽培した野菜などをやりくりして、夕餉の準備に余念がなかったであろう。白米はすでに姿を消し、ダイコンの葉を浮かべたすいとんやサツマイモやトウモロコシの粉でつくったどんど焼きなどが常食になっていたとはいえ、心づくしの宴を家族全員が楽しみにしていた。

ここで一九四五年三月当時の聰子の家族を紹介しておこう。

父親の國谷一武は五十三歳。クリスチャンだった彼は、家長としてのプライドにもあふれ、風呂に入るのも新聞を読むのも自分が一番先、という古風な男だった。母親のキサは四十一歳。オホーツク海沿いの寒村、枝幸《えさし》の商家に生まれ、札幌の女学校を卒業後、十一歳年上の一武と知り合い結ばれた。新婚時代の写真をみると、キサは色白でぽっちゃりした丸顔に、ひな人形のような小作りの目鼻が愛らしい。しかし、内には父親から受け継いだ開拓者精神が息づき、何事にも前向きで忍耐強い性格だった。自分にも他人にも厳しい夫に仕えながら涙を流したこともあった

父の一武と母のキサ。新婚間もない頃

長男　忠弘18歳当時

次男　昌弘16歳当時

長女　聰子18歳当時

ようだが、それでもへこたれず、ときには賛美歌を口ずさんで安らぎを見いだしていた。

教育熱心だった一武は、つましい生活の中から教育費を捻出して、上から順番に子供たちを大学や専門学校に進学させていた。特に、自分のあとを継いで医学の道に進むことを決めた長男の忠弘には大きな期待をかけていたに違いない。本書の主人公である聰子（二十歳）は東京女子医専の二年生。父親が彼女を医学の道へ進ませたのは、理科系学部の学生には工場動員の猶予が認められていたので、喘息持ちで病弱の娘を守ろうという親心からであった。しかし文学少女だった聰子は父親のすすめに難色を示したらしい。そこで一武は、女性も職業を持つことの大切さを諭したり、國谷家の家系図まで持ち出して先祖代々が医系なのだからと説得し、半ば強制的に東京女子医専を受験させた。

聰子は三月九日も被災者や傷病兵の看護実習に忙殺さ

次女　美意子15歳当時

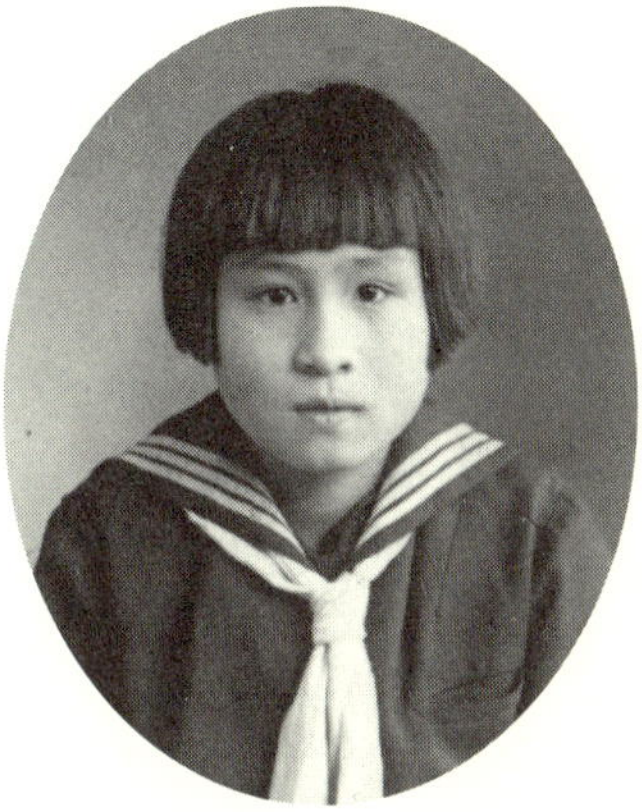
三女　喜久子13歳当時

れて、兄の入学祝いどころではなかった。私用での帰宅など許されるはずもなく、学校付属の病院で立ち働いていたのだが、それが生死の分かれ目になるとはいったい誰が知ろうか。

次男の昌弘（十九歳）は帝国美術学校（註・現在の武蔵野美術大学）に在学し、連日、勤労動員のため錦糸町にあった「精工舎」へ通っていた。

武蔵野音楽学校を受験してその結果を待つばかりだった二女の美意子（十六歳）は、兄弟姉妹の中でもはなやかな存在で、明朗な性格と目元のくっきりした美貌を持ち合わせていた。当時美意子は、母親や妹や幼い弟とともに都内北区に縁故疎開をしながら勤労動員に出かけていた。

おかっぱ頭の三女の喜久子《きくこ》（十四歳）は江戸川区にあった愛国学園女学校の二年生。母親似の柔らかな笑顔が愛らしく、兄、姉たちから可愛がられていた。彼女も北区の疎開先から風船爆弾の製造工場に勤労奉仕に行く毎日だったが、この日は兄の医学部進学を祝うため、母や姉や弟たちといっしょに実家に戻ってきた。

喜久子がたずさわっていた「風船爆弾」とは、物資不足、戦力不足の軍部が苦しまぎれに開発したいくつかの秘密兵器のひとつで、「マルフ」、「フ号兵器」とも呼ばれていたものだ。和紙をコンニャクでつくった糊で貼り合わせ、気球にしたてて水素ガスを充填した。偏西風にのせてアメリカ本土へ飛ばすという構想は、もともと気象庁の技官が、日本上空から太平洋に向けて吹く強い気流に目をつけて考案したらしい。陸軍は細菌兵器を、海軍は毒ガス兵器を気球に登載することを検討したが、気象条件や技術面の難しさ、米軍の報復規模を考えてどちらも断念。結局、焼夷弾を気球につるしてアメリカ本土へ飛ばすことになった。

コウゾの枝を刈って樹皮をはぐ作業には、全国の国民学校の児童から年配者までが動員され、和紙を貼ったり風船に組み立てたりする作業は主に女学生たちが担当した。終戦までに各地から約一万発の風船爆弾が放たれたが、軍部が期待するような戦果はほとんど得られなかったのが実情である。

喜久子の下にはさらに三人の弟がいた。地元の本横《ほんよこ》国民学校に通う三男の良弘（十二歳）と四男の道弘《みちひろ》（九歳）、就学前の五男允弘《のぶひろ》（六歳）だ。良弘と道弘は国民学校の終業式のために千葉県の疎開先から三月四日に帰宅。疎開の対象年齢にまだ届かなかった允弘は、空襲におびえながらも母や姉たちといっしょに疎開先の北区で暮らしていた。

「とにかく賑やかな家で、五男三女と申しますとおひなさままで言えば、両親を内裏びなに見立てますと、三人官女と五人囃子が揃ってしまう十人家族でございました」と、聰子が記しているように、子宝に恵まれた國谷一家は、近所でも評判のほほえましい大家族だった。

紅蓮の炎

三月九日の夕刻。つかのまの団らんのあと、キサは久しぶりに揃った子供たちの笑顔を眺めながら、悪化の一途をたどる戦況のもと、動員先の工場での辛い労働や疎開先での苦労を思って、子供たちの行く末を案じずにはいられなかった。

そんな母親の感傷を吹き飛ばすかのように、冷たい夜気をふるわせて警戒警報のサイレンが響いてきた。午後十時半過ぎだった。漆黒の闇に響き渡る不気味な音。家族全員が耳をそばだてていると、やがて警報の解除となった。毎晩の警戒警報に誰もがやや鈍感になっていたかもしれない。つい四日前の午前中にも敵機が飛来して東京の城東区、目黒区、蒲田区（註・現在の江東区の一部、目黒区、大田区）を襲ったばかりだった。

「……お父さん、もう大丈夫？」

目を醒ました下の子供たちは両親に寄り添って表情をこわばらせる。家の外では北西の風が強く吹いている。月明かりが照らす地上は、サイレンの余韻を残して静寂が戻ろうとしていた。

「脅かしに来ただけだろう、さあ、おやすみ」

子供たちにむかって、その場をつくろうように一武は言ったであろう。

それから約二時間後の三月十日零時八分。

人々が寝しずまりかけたころ、アメリカ軍の大型爆撃機B29の大編隊が房総半島沖から東京湾へと向かい、低空飛行しながら下町へ侵入してきた。民家の屋根すれすれに飛んできた一番機が、深川方面に焼夷弾を落とした。その瞬間、すさまじい火柱が上がって夜空をこがす。空襲警報が発令されたのは零時十五分だったが、すでに最初の被弾から七分が過ぎていた。

せっぱつまったサイレンが下町一帯に鳴り響く中、凶暴なうなり声をあげて無数の焼夷弾が夜の闇を切り裂いて落ちてくる。ゼリー状のガソリン（ナパーム）や黄燐が入った火の筒は、途中でばらばらになって地上に降り注いだ。あちこちで、巨大な火柱が天を突いて駆け上がる。編隊で襲いかかるB29の轟音と怖しい爆発音が住民をパニックに陥れた。

ビューン、ダダーン、ダン、ズッダーン。

「まるで列車が驀進するレールに耳を当てているようなもの」（「本所区の人々の記録」（財）東京空襲を記録する会刊）と、横川橋に住んでいた生存者が証言するほど、振動をともなったすさまじい爆撃音に一帯は包まれた。

人々が右往左往する足音や狂ったような怒鳴り声や悲鳴が迫ってくる。一武は外へ飛び出した。昼をあざむくほどの明るさの中、火の粉をかぶりながら大勢の人が逃げ惑っている。夜気はストーブのそばにいるように熱い。

「防空壕へ、早く、早く!」

一武は大声をあげて家族を誘導した。

「お父さん、怖いよお」

幼い子供たちが悲鳴をあげる。一武は夢中で防空壕の出入り口に立てかけた戸板を蹴って、子供たちを中へ押し込んだ。家内工場がひしめくこのあたりでは、どの家でも床下かまたは軒下のわずかなすきまに防空壕を掘っていた。

「子供たちを頼むぞ!」

末っ子の允弘の手をひいたキサが防空壕へ飛び込むのを見届けると、一武は急いで出入り口を水で濡らした布団でふさいだ。空き地の四方からごうごうと攻めてくる紅蓮《ぐれん》の炎。前年十一月に被災したとき、みごと鎮火に成功したことが頭にあったのだろう、一武と長男の忠弘と次男の昌弘は一瞬顔を見合わせると、母と幼い弟妹を守るために捨て身で消火にあたった。風にあおられた黒煙と炎が津波のように家々に襲いかかる。火の粉が豪雨のように降り、それがたまるとボーンと発火して強風が炎と炎をくっつける。あまりに火勢が強いため空気さえ希薄になっている。それでも炎に立ち向かい、三人は家族を守ろうとした……。

強風にあおられた紅蓮の炎はとどまるところをしらず、生き物のように下町一帯をはいまわった。火の粉はまるで濁流のようになって逃げ惑う人々を前から後から襲った。焼死はもちろんのこと、川に飛び込んで亡くなったり、橋の上に詰めかけた群衆の下敷きになって圧死したり、暴れる馬の下敷きになったりと、数え切れないほど多くの命が失われた。それでも炎は街を、生きとし生けるものを焼き尽くした。三月十日午前二時三十二分、攻撃を終えた最後のB29が飛び去り、その五分後の二時三十七分。空襲警報が解除された。

ようやく長い夜が明けて生き残った人々が見たものは、白濁したかすみのような煙が漂う廃墟、石油の臭い、くすぶり続ける瓦礫《がれき》の山、真っ黒に焦げたおびただしい焼死体……すべてがこの世のものとは思えぬ光景だった。

弁当箱に入った家族

三月九日の夜、聰子は級友とともに市ヶ谷仲之町にある東京女子医専の、第二寄宿舎の防空壕の中にいた。二十名も入ればぎゅうぎゅうな防空壕で中腰になりながら、聰子はただ空襲警報の解除を待つしかなかった。しんしんと冷え込む夜だった。

地鳴りや炸裂音が聞こえてくる。誰もが、今夜の空襲は尋常でないことを悟っていた。

「いったい何が起こっているのだろう」

空襲警報の解除と同時に防空壕の外へ出てみると、下町の方向が昼間のように明るくなって炎上している。十キロメートル近く離れているというのに、上空を真っ赤に染めて巨大な炎のカーテンがゆらめいているのが見えた。聰子の心臓は、破裂寸前に鼓動をうっていた。家族は無事に逃げおおせただろうか、家は焼け落ちていないだろうか……。

夜が明けるのも待ちきれず、聰子は寮を飛び出して本所区横川橋の自宅へと向かった。気温は摂氏三、四度。前夜に続いて北西の風が吹く寒い朝だった。途中、省線の駅へ行ってみたものの、被災者優先乗車のため構内にも入れない。しかたなく横川橋まで歩いて行くことにした。約八キロメートルの道のりだ。飯田橋を過ぎたあたりから景色は一変した。見渡すかぎりの焼け野原で、両国の国技館の丸屋根の残骸がのぞめる。

「この先は危ないから立ち入り禁止だ、戻りなさい」

東部管区司令部の軍隊が人の波を押しとどめている。石油や焼けたゴムや立ちこめる煤煙の強烈な異臭が周囲をおおい、ところどころでまだ火の手があがっている。風が吹けば黒い煤や火の粉が舞いあがる。聰子は自宅のある横川橋へ近づくこともできなかった。

翌日も、家族の消息を確かめるため朝から横川橋へ向かった。公共交通はすべて被災者優先になっていたため、戦災証明のない聰子は歩くしかない。果てしなく広がる焦土で何度も方角を見失いながらも、自分の家を目指した。救援作業をしている兵隊たちに横川橋の方角を聞きながら夢中で歩くうち、五感が麻痺したのか何も感じなくなってしまった。赤黒い焼死体や天に向かって両手を突き上げたまま炭化した遺体のすぐそばを、無表情で通り過ぎる被災者に混じって歩きまわった。ようやく四日目の三月十四日に、自宅付近と思われる場所に到着。瓦礫や倒れた電柱の始末と遺体収容にあたっていた作業班を見つけると、

「兵隊さん、お願いです！　家族を探しているんです」

聰子は思わず駆け寄り、必死に頼み込んだ。憔悴しきった若い女性を不憫に思ったのだろう、兵隊たちは崩れた家の辺りを掘り起こしてくれた。すると焼け落ちた柱や残骸の下に父とふたりの兄の焼死体が母屋のほうを向いて倒れていた。必死の消火活動をしているうちに焼けくずれた自宅の下敷きになったらしい。無残な姿に思わず目を背けると、兵隊たちが手招きをしている。その先には、布団で覆われた防空壕の入口の痕跡があった。

「あっ」聰子は息を呑んだ。そのなかには燃え尽きた遺体らしいものがひとかたまりになっている。それはまぎれもなく聰子の大切な家族だった。劫火で長時間焼かれた家族は、聰子が抱き起こそうとすると膝の上で崩れ、流れ出た脂が遺品にじっとりと染みついていた。

こうして聰子は四日ぶりに変わり果てた家族九人と対面した。茫然となりながらも、母がしっかりと胸に抱えて守ってくれた貯金通帳と保険証券、すぐ下の妹が抱えていた楽譜、愛用の筆箱や焼け残った辞書、兄が愛読していたニーチェの本、すぐ下の弟が着ていた美大の制服のボタンを拾い上げた。

そして、家族九人、一人一人の骨をほんの少しずつ拾い集め、焦土に転がっていたへこんだアルミの弁当箱に収めた。

周囲を見回しても火葬に使えるような木片ひとつなかった。かといって家族をこのままにはできない。そこで聰子は兵隊たちに頼んで、野犬が遺体を掘り起こさぬよう埋め戻してもらった。

弟の昌弘は美大の制服を着たまま亡くなった。
金属供出中のため陶製のボタン

それから、作業が終わった兵隊たちといっしょに車座になって、聰子は寮でつくってもらった心づくしのお弁当を口に運んだ。

後年、聰子は、家族と悲惨な別れをしたすぐあとで食事をした体験を、「人間のふしぎさ、かなしさよ」とつづっている。その時の味は何ひとつ覚えていないそうだが、どんな状態に置かれても、人間は生きるための本能が働くのだろうか。聰子の記述は、まるでフランスの作家イヨネスコの不条理劇の舞台をみているようだ。

兵隊たちが去ったあと、聰子は、拾いあつめた遺品と乾いた音をからからと立てる弁当箱を胸に抱き、市ヶ谷中之町の寄宿舎までの長い道のりをとぼとぼと歩いた。あふれ落ちる涙を拭いもせず歩き続ける聰子に向かって「お前さんも誰かを亡くしたね。いいからお乗りよ」と話しかけ、路面電車にひき上げてくれたのはどこの誰だったのか？　いまとなっては知るよしもない。

納骨の旅

前途に洋々たる未来があったろう兄や弟妹たちが、なぜ、死なねばならなかったのか？　という疑問、家族という防波堤を一挙に失った不安と孤独。それらが押し寄せ、聰子は奈落の底から立ち直れなかった。彼女がさいなまされていたのは単に嘆きや悲しみの感情だけではなかった。「もし今度自分が被災したら……捜してくれる身内はひとりもいない東京で、何をやってもだれも心配しない」という絶望感が深く、ともすれば自暴自棄になりかけた。

聰子は小さいころから芯の強い性格だといわれ、何事にもじっと耐える精神力を備えていたはずだったが、夜が来るたびに寮の部屋で身を震わせ涙にくれた。

彼女が深い喪失感を味わったのは家族全員を失っただけではない。生まれ育った愛着のあるふるさとを根こそぎ破壊されたことが、絶望をさらに深めた。街の息づかいも街に堆積していた思い出もすべてがなくなってしまうと、心のよりどころが揺らぎはじめる。なぜなら、「私が私である」ことをささえるアイデンティティーは、生まれ育った土地の自然、風景、幼い頃からの記憶、コミュニティーによって醸成され、ふるさとの記憶とつながりあって意識に定着していくものだから。

実際、聰子のふるさと東京都本所区の被害状況は、都内三十五区（註・現在の二十三区に整備されたのは一九四七〈昭和二十二〉年）の中でも突出してひどかった。軍部は制海権、制空権を失ったうえにガソリンや航空戦力の決定的な不足から、大編隊で襲いかかってきたB29を前に防戦のすべがなかった。

聰子は、このまま学業を続けられるのかという不安にもとりつかれた。犠牲者の数もつかめぬほどの大惨事に、役所がすぐ死亡証明書を発行してくれるのかもわからない。母が命に替えて守った貯金通帳から、果たして現金は引き出せるのか？　両親の生命保険はすぐにおりるのか？　心配事は尽きることがなかった。

そんな聰子に多くの級友、寮長、教授などの学校関係者が物心両面から支援を申し出た。中でも級友の父親である久保田春壽《はるとし》は、弁護士という仕事柄、役所への届け出や家督相続、保険金請求などの事務手続きに道筋をつけてくれた。

聴子の母方の叔父、佐藤健三。
入隊時の写真

北海道に住む父方と母方の親戚も、一家に起きた悲劇を放っておかなかった。母親キサの弟にあたる佐藤健三はニューギニア戦線で負傷して、三重の部隊から航空軍司令部副官部に移動となり、東京都北多摩郡武蔵野町吉祥寺にいた。彼は枝幸の小野木家からの電報で聴子に起こった悲劇を知ると、三月十七日付けの手紙で聴子を励まし、あらゆる相談に乗る旨を伝えている。

戦況がこの先どこまで悪化するかわからない中で聴子は途方に暮れていた。一刻も早く札幌にある國谷家で葬儀を行いたい。だが、この混乱の中、北の大地まで行く方便は果たしてあるのか？　弁当箱に入ったままの家族のことを健三に告げると、

「心配しないように。北海道の兄や上司にも頼んで何とかしてみよう」

健三は力強く聴子を慰めると、札幌行きの切符の手配にかけまわり、旅行資金も工面し、札幌の親族との連絡係にもなってくれた。健三の物心両面からの支援は聴子のくじけそうになる心をどれほど支えたことだろうか。

三月二十九日。健三のおかげで旅仕度が整った聴子は、北海道に向けて出発した。被災した日

から十九日目の慌ただしい旅立ちは、いてもたってもいられぬ心情の表れであったろう。聰子が生前発表したエッセイに、旅の様子をわずかに記したものがある。

やがて私は機雷の危険を冒して津軽海峡を渡るのであるが、上野から既に被災者で鈴なりになった汽車は機銃掃射もあって容易に進まず、札幌まで三日を要し、持って出た食料は底をついて、最後の日に口にしたのは雪だけであった。

（「ひとり遺されて」日本医事新報　No.３７２１平成七年八月十九日号より）

すでに述べたとおり、一九四四（昭和十九）年からはアメリカ軍の本土空爆がひんぱんになり、特急や急行が次々と運休になっていた。一九四五年の三月二十日に行われたダイヤ改正以降、急行列車の運行は東京—下関を結ぶ列車だけになっていたので、当然、聰子は上野駅から札幌まで各駅停車の旅をした。それにしても、三日間もかかったとはどんな運行スケジュールだったのだろうか？

詳細が知りたくて、私はさいたま市にある「鉄道博物館」の資料室に問い合わせてみた。すると、昭和二十年三月、四月の時刻表は空襲のせいか現存していないとのこと。だが、同じ年の七月の運行状態が参考になるだろうと係員が教えてくれた。それによると、東北本線の運行は一日

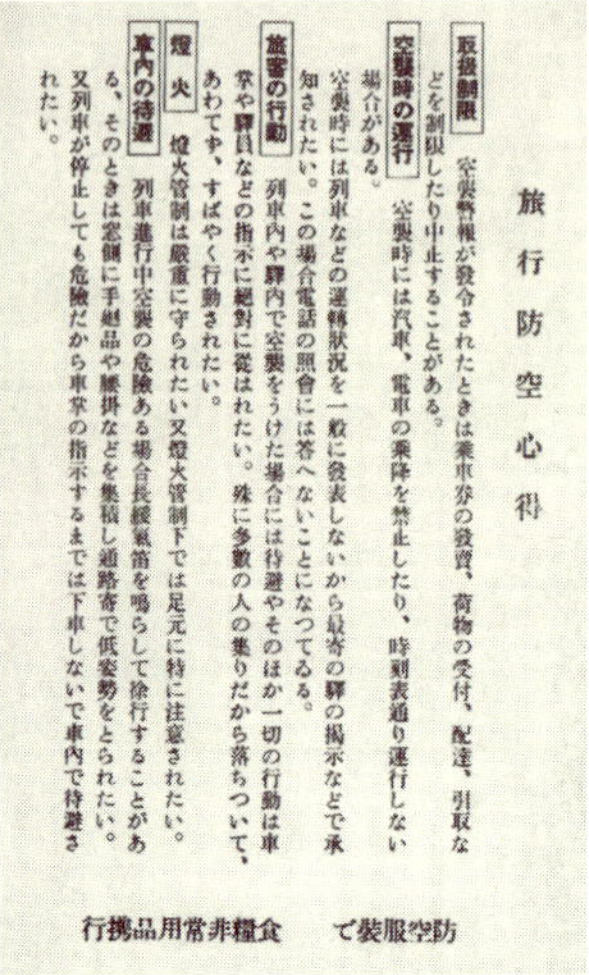

旅行防空心得

取扱制限　空襲警報が發令されたときは乘車券の發賣、荷物の受付、配達、引取などを制限したり中止することがある。

空襲時の運行　空襲時には汽車、電車の乘降を禁止したり、時刻表通り運行しない場合がある。
空襲時には列車などの運轉狀況を一般に發表しないから最寄の驛の掲示などで承知されたい。この場合電話の照會には答へないことになつてゐる。

旅客の行動　列車内や驛内で空襲をうけた場合には待避やそのほか一切の行動は車掌や驛員などの指示に絕對に從はれたい。殊に多數の人の集りだから落ちついて、あわてず、すばやく行動されたい。

燈火　燈火管制は嚴重に守られたい又燈火管制下では足元に特に注意されたい。

車内の待避　列車進行中空襲の危險ある場合長緩氣笛を鳴らして徐行することがある、そのときは窓側に手廻品や緩掛などを集積し通路寄で低姿勢をとられたい。又列車が停止しても危險だから車掌の指示するまでは下車しないで車內で待避されたい。

防空服装で　食糧非常用品携行

昭和20年1月東亜交通公社（現 JTB）から発行された時刻表
裏表紙に「旅行防空心得」が記されている

三本のみで、始発が九時四十分上野発→翌日七時十二分青森着。二本目は二十時発→翌日十六時二十七分着。最終が二十二時十分発→翌日二十一時二十一分着。ほぼ一日がかりの旅である。聰子がどの列車に乗って上野を発ったか定かではないが、途中、アメリカ軍の空爆の影響で立ち往生する列車は時刻表よりも大幅に遅れて青森に到着したに違いない。

ちなみに、昭和十九年発行の時刻表の裏表紙には「旅行防空心得」があり、そこには、空襲警報が発令されたときは乗車券の発売、荷物の引き取りを制限したり中止する、空襲時の列車運行状況を一般に発表せず、電話での問い合わせにも応じないから、最寄りの駅の掲示をよくみること、車内や構内で空襲に遭ったときは、車掌や駅員の指示に絶対に従うこと、灯火管制下では足下に注意すること、空襲の危険がある場合、列車は汽笛を長く鳴らしながら徐行するが、その際は窓際に荷物を積み、通路寄りで低姿勢をとってほしい、列車が停止しても車掌の指示があるまで下車しないこと、旅行は防空服装で食料非常用品を各自携行のことといった注意書きが書かれている。

青森からは青函連絡船に乗って津軽海峡を渡らなければならないが、青函連絡船の時刻表は国家の機密扱いとなり国民に知らされていない。制空権をアメリカに握られた軍部は、津軽海峡を渡る青函連絡船に北海道の石炭を本州に運ぶ役割を課していたため、連絡船は敵の機雷と爆撃に常時さらされていた。乗船希望の者は、ただひたすら船の到着を待つしかなかった。

だが、かろうじて運行を続けていた青函連絡船も一九四五年七月十四日、十五日の両日、アメリカ軍の猛攻撃を受けて大破、炎上。十二隻の連絡船のうち八隻が沈没し、他の四隻も航行不能になったため、航路は大幅に縮小された。

もし聰子の納骨の旅が七月にずれこんだとしたら、とても北海道までたどりつけなかっただろう。

ところで、二〇一六（平成二十八）年三月に、予定どおり新青森から新函館まで新幹線が延長開業されると、東京から北海道へ四時間ほどで行かれる。二〇三〇年に東京―札幌間の北海道新幹線が全線開業すれば、さらに便利になってたったの五時間だ。命を賭けて人々が青函連絡船に乗り込んだ時代があったことも、やがて忘却の彼方に行ってしまいそうだ。

北の果てで知る生命力

一九四五（昭和二十）年の三月末、津軽海峡をようやく無事に渡った聰子は、ひたすら列車を乗りつぎながら札幌へ向かった。列車の煤で汚れ、空腹と空襲の恐怖で消耗しきって到着した札幌で、聰子は拍子抜けしたかもしれない。大空襲の被害を受けて大混乱している東京に比べて、北海道は戦時ながらまだ日常の生活が息づいていた。

父一武の弟にあたる國谷保一《やすかず》には、東京から電報を打って三月十日の空襲で家族全員が無残な死をとげたことを知らせておいた。しかし、東京から食うや食わずの状態で到着した姪の口から、直接、一家全滅の報告を受けた國谷家の人々の驚愕と悲嘆は、いかばかりだったろうか。一家の期待を一身に受けて上京し、医者として順風満帆に暮らしていた國谷家の長男が、家族もろとも罹災死してしまうとは……。保一は、聰子から頼まれた葬儀と菩提寺への納骨一切を引き受けると、四月一日、稚内に住む母の妹たちのもとへ出かける聰子を見送った。

在来線を使って札幌から約十五時間。二十歳の女性が単身で向かうにはあまりに過酷な旅だった。最果ての稚内は根雪が大地に固く貼りつき、その上にオホーツク海から吹きすさぶ風を受けて雪がうずまく。東京ではかろうじて空襲の被害に遭わなかったソメイヨシノが、けなげに淡い花を咲かせていたというのに、稚内はまだ雪と氷の世界だった。

聰子の手記に稚内へ向かったときの一節があるので、以下に紹介する。

昭和二十年の四月二日。私は北海道の北の果て、ノシャップ岬の海辺をひとりで歩いていました。北海道の北端の二つの岬のそのひとつ。宗谷岬より少し小さい方の岬です。

この日、昼過ぎ、稚内の叔母（註・母キサの四番目の妹キヨ）の家の石炭ストーブの傍で、言われたとおりようやくあったまって出かけてきたのですが、岬を廻って日本海側のもう一人の叔母の家まで一時間半の道のりのまだ幾らも行かないうちに、その温もりは吹き荒ぶ風に吹き飛ばされ、固く口を結んで寒さに耐えながら、まだ二十歳の私はひたすら歩き続けました。

右側はオホーツクの紺青の海、左側は白雪を被った原生林。その間の海岸に沿って、雪に人の通った踏みあとだけの道。行けども行けども同じ風景の中でひとりだけすれ違ったのは女の人でしたが、もしその人に悪意があれば勿論逃げられぬ一本道でした。（中略）海のかなたに樺太、今のサハリンが望めたのかどうか、どんな気持で歩いたのか遥かなことでもう忘れましたけれど、とにかく何かしていなくてはいられない、そんな歩みではなかったでしょうか。

（「女の生と職」月刊地域保健一九八〇年六月号より）

「とにかく何かしていなくてはいられない」という心境は、単に聰子個人ばかりでなく、当時の日本全体が抱えていた焦燥感と重なる。聰子が歯を食いしばりながら雪深い原野をひたすら歩いていたちょうどそのころ、東京では近づくカタストロフを前に戦争の終わらせ方を模索する政府と軍部が、結論の出ぬまま迷走し、国の内外で犠牲者を増やし続けていた。

聰子の手記をもう少し引用しよう。

道に迷ったのかと思い始めたころ、ポツンと家が見えてきて、辿りついた叔母（註・母キサのすぐ下の妹トミ）の家は小学校に続いた粗末な校宅で、校長だった叔父は留守。叔母は五人目の子を出産したばかりでした。（中略）まだ出産三日目というのにもう上の子の持って帰った成績品（原文ママ）を見てやったり、時には幼い子をおしっこに連れて行ったりしていましたが、床の中からあれこれと指図して当時としては精一杯のごちそうをしてくれました。それにひきかえ私は家族みんなの罹災の様子を一体どう話したらいいのか、半ばは触れたくない気持もあってほんとうに言葉少なでした。

（「女の生と職」月刊地域保健一九八〇年六月号より）

このとき、聰子と叔母の間でどんな会話が交わされたのか知るよしもないが、叔母は姪の心中を察して、家族の最期の様子を詳しく尋ねるよりも、一生懸命温かな食事と寝床を用意してやったのだろう。広い板の間に一箇所、板囲いの畳の場所があるだけの親戚宅で一夜を明かした聰子は、朝の光の中で「私は女だから独りでも生きられる。生きなくては」と書いている。

どうしてそう思ったのか。それはうぶ湯の「たらい」を借りるのにも歩いて三〇分というこの辺地で、出産の前日まで授業し、助産婦もいないため経験者の手をかりて出産したという叔母の生活力をみたからかも知れませんし、また、甲斐がいしく世話をする近隣の主婦たちに女性の職の原点をみたからかもしれません。もっとも、もう少し現実的には前日の白いご飯と海の幸とが、私を元気にさせていたのは確かでした。

幼少期を枝幸で送り、その後稚内や他の地域へ嫁いでいった母の姉妹たち。その生活を実際に見聞して聰子は「生きる勇気が湧いてきた」と書く。北の大地に母方の親族を訪問したことで、自分が先祖から受け継いできた復元力（逆境から立ち直る力・レジリエンス）に気づき、前向きに生きていこうと決意したのではないだろうか。

四月七日に札幌へ戻ると、翌八日に國谷家の菩提寺である北大寺から三人の僧を呼び、國谷保一の家で葬儀と三十五日、四十九日の供養を済ませた。このとき、亡くなった家族全員に戒名をつけている。

葬儀後、叔父たちと國谷家の今後について相談をし、葬儀費用や遺産相続のための事務的な用事を済ませて、聰子は四月十一日の列車で帰京した。

強く生きる決意

東京へ戻る旅は行きにも増して過酷だった。アメリカ軍は鉄道網を戦争物資の輸送手段とみなしていたため、容赦なく機銃掃射を浴びせた。敗戦間近になると、民間人で満員状態の列車までもが狙われて、多くの犠牲者を出す事件も起こっている。聰子が乗車した上野行きの列車も走っては止まり、止まっては走りの運転をくりかえし、四月十三日の夜にようやく東京にたどりついた。疲れ果てて帰京した夜、東京女子医専の校舎、病棟、第二寄宿舎が空爆を受けて炎上。聰子は本所の実家に続いて市ヶ谷の寄宿舎も失い、正真正銘の家なし子となってしまった。

翌日から河田町の寄宿舎に移ったが、私にはまず寝具がなかった。しかし母というものの何と奥深くありがたいものか。母が預けて置いてくれたという寝具二組を後日私は知人から受け取った。そして、その間に食料や日用品と共に脱脂綿まで入っていた。私のための。級友がまた乏しいものをよく分け与えて下さった。その大切な靴を私は脱いだらいつも肌身離さず提げて歩いた。物の乏しさは人の内面の善なる性も悪なる性もむき出しにする。繰り返される空襲で市民の被災は拡大する一方で、その混乱の中で失われたものの行方はわかるはずはなかったし、私にはそれを再び入手する手段はまったくなかったのだ。

（「ひとり遺されて」日本医事新報 No.３７２１誌より）

宿舎から焼け出され、実家も焼けくずれてしまった聰子が失ったものは数知れないが、中でも家族のアルバムが焼失したのは無念だったろう。彼女の手元には、写真一枚すら残らなかった。

（註・本書に掲載した写真は、後になって、聰子が親戚からゆずり受けたものがほとんどだ）

実は家族のアルバムに関しては不思議なことがあった。一九四五（昭和二十）年三月九日の前、聰子が実家へ一時帰宅して宿舎へ戻ろうとしたとき、母親のキサが声をかけた。

「アルバムを持って行きなさい」

「あ、……うん」

家族の大切なアルバムをどうして私に？　といぶかしく思いながらそのまま宿舎に戻ってしまった聰子。結局アルバムは十日の空襲で他の家財もろとも焼失してしまったのだが、キサは数日後に起こる悲劇を予兆したかのように、アルバムを聰子に渡そうとした。キサは娘に、消滅する家族の記憶を託そうとしたのだろうか？


東京に戻ってきた聰子のもとには、北海道の親戚から「東京に踏みとどまって学究の道に生き抜こうとする決意、実践は敬服するしかないが、万が一のことがあったら大変、一日も早くこちらにきてください」と心配する声があいついだ。空襲を心配する佐藤健三からも「しばらく札幌に疎開してはどうか」とすすめられた。しかし、終戦までの四ヶ月間、それでもなんとか東京に踏みとどまり、退学もしないですんだのは、母親のキサが命の代わりに守ってくれた保険証書や貯金通帳のおかげであり、何よりも亡き父や兄の遺志を継いで勉強を続けなければ、という強い思いだった。多くの人に支えられ、聰子は八月十五日の終戦を迎えた。

その間、衣料、食料、日用品、学用品の不自由は申すに及ばず、空襲警報のたびに中断される授業、連日半死半生のさまに焼け爛れてトラックで運ばれて来る被災者の収容と看護、思えば壮絶な学生時代であった。

（「ひとり遺されて」日本医事新報　No.３７２１誌より）

聴子はこのように学生時代を振り返っているが、その影には、もうひとりの恩人がいた。妹の美意子が音楽学校受験のために声楽の個人指導を頼み、敬慕してやまなかった教師の中尾和人だ。聴子は空襲から五日後の三月十五日に手紙をしたため、妹をはじめ家族全員の罹災死を彼に報告している。手紙を受け取った和人は、聴子とともに横川橋の被災現場に足を運び、愛弟子だった國谷美意子の若すぎる無残な死を悼んだ。朗報を待ち焦がれていた妹のために、聴子は武蔵野音楽学校の合格発表の日に、もしも美意子が合格していたら名前を載せてほしいと和人に頼んだ。その願いが聞き入られて、「故國谷美意子」の名も合格者リストに記載された。

和人は、家族を失い宿舎まで焼かれてしまった聴子をなにくれとなく気遣い、聴子のほうもいつしか和人を頼りにするようになっていった。実は、亡き妹の美意子と中尾和人は好意を抱き合い、大切な人と思い合いながらも、それを互いに打ち明けていなかった。そんな妹のほのかな思いに感づいていた聴子は、悩みながらもその男性に惹かれていく自分を抑えることができなかった。

絶望の淵から彼女を救ったもうひとつは、家庭の記憶だった。愛情深く見守ってくれた父母や仲のよい兄弟妹らとともに暮らした家庭のかけがえのない記憶やぬくもりが、日を追うごとに聰子の中で鮮やかになっていった。

たとえこの世にもう父親はいなくても、自分を見てくれている、と思い始めたある日、聰子はふと、「自分の精神はもっと自由でなくてはならない」と気づき、心に負えるものすべてを大いなる力にゆだねてしまった。その後に訪れた「あの不思議なやすらぎを今も忘れることができない」と、後年述懐し、次のように続けている。

「いまだに信仰に入れずにいる私には知るべくもないが、そのとき私は心の底に母の歌う讃美歌を聴いた」。

第二章　スカイツリーのふもとで

焦土の中の敗戦

一九四五（昭和二十）年八月十五日。日本は無条件降伏をした。

あの戦争でどれほどの人々が命を奪われたことか……。

一九三七（昭和十二）年から始まった日中戦争はやがて南方へと戦線が拡大して大東亜戦争となり、ついにはアメリカ軍（連合軍）の攻撃に屈して焦土の果てに敗戦を迎えた。

戦後しばらくたってから、日米双方の研究者によって当時のアメリカ軍作戦書や資料が公開されたが、アメリカ軍はかなり早い時期から日本本土への空爆の綿密な計画をたてていた。そこからみえる用意周到な準備ぶりは驚くほかない。関東大震災の被災状況や航空写真を分析して、日本の都市が火災にきわめて弱いことをつかんだアメリカ軍は、石油資本や基幹産業を集めて新たな焼夷弾と爆撃機の開発を加速させたのだった。

一九四四年七月にマリアナ群島を手に入れたアメリカ軍は、日本本土を射程距離に収めた。十一月二十四日、東京から二千三百キロメートルあまり離れたサイパン島から出撃したB29はゆうゆうと東京上空に飛来し、都下北多摩郡武蔵野町西窪（註・現在の武蔵野中央公園）にあった「中島飛行機武蔵野工場」を集中攻撃、その後、荏原、品川、杉並などを爆撃した。

この年の十一月から翌一九四五年三月五日までの空襲は、主に軍需工場や軍事施設を高度一万メートルの上空から狙っていたが、日本上空に吹く強いジェット気流のおかげで思うような成果が出ないとわかると、絨緞《じゅうたん》爆撃に作戦を変更した。そのため、三月十日の東京大空襲の現場指揮を執ったことで知られるカーチス・E・ルメイ（一九〇六～一九九〇）少将を中国戦線から転属させ一九四五年一月に司令官に任命。アメリカ政府も世論も、「日本との戦争を早期に有利に終わらせるためにやむをえない」、「日本本土を空襲でたたかなければ、米軍の被害は甚大になる」という肯定論に流れ、人道的立場から作戦に反対したり非難する声は押さえつけられていく。

ルメイは、本来の攻撃高度八千五百～九千五百メートルをいっきょに二千メートル前後に引き下げた。そこには、夜間の命中率を上げるために市民の犠牲をもいとわないという決意が見て取れる。彼の考えた作戦は、最も燃えやすく死傷者が出やすい市街地を選んで焼き払い、日本の戦力とそれを支える人的資源を断ち、厭戦気分を蔓延《まんえん》させることだった。作戦を成功させるには人道的な配慮など入り込む余地もなく、空爆のすさまじさを見せつけることだけが優先された。その結果、青森、日立、郡山、銚子、東京、横浜、川崎、名古屋、大阪、尼崎、呉、高松、福岡、佐世保をはじめ全国で多くの市街地が焦土になった。帝都東京を徹底的に焼き尽くしたルメイは、一九四五年五月に「もう東京には高い場所がない」と言い放っている。当時、ハーバード大学の教授だったロバート・マクナマラが、「彼は最も優れた戦闘指揮官だったが、彼は異常に好戦的で多くの人が残忍だとさえ思った」と回想しているほど、無差別で非人道的な作戦だった。東京大空襲を立案実行したルメイは、一九六四（昭和三十九）年に、日本の航空自衛隊の育成に貢献したという理由で、日本政府から勲一等旭日大綬章が授与された。この叙勲に違和感を抱いた日本人は多かったはずだ。

六月末には米軍が沖縄地上戦を制覇、八月六日には広島に、続けて八月九日には長崎に原子爆弾が投下された。さらにはソビエトの参戦と日本は絶体絶命の瀬戸際に追い込まれ、八月十五日、無条件降伏をして戦争はようやく終わる。アメリカ戦略爆撃調査団の推計によると、一九四四年一月から一九四五年八月までの間、米軍が日本へ投下した爆弾は、およそ十五万七千トンにのぼったという。

愛する家族を奪われ、傷つき、極限の悲しみと苦しみの奈落に突き落とされたのは聰子だけではない。日本全国および日本が占領していた南洋地域、朝鮮半島、台湾、満州、中国、樺太と、いたるところに心と身体に大きな傷を負った人々が無数にいた。そのひとりひとりが、茫然自失の中から自分の生きる意味を必死に見いだし、不戦の誓いを胸にして、戦後の長い人生を歩んできたのである。

数字が語る三月十日

二〇一四（平成二十六）年の三月下旬に、墨田区横川へ初めて出かけてみた。まだ肌寒さが残るものの、春の光が五分咲きの桜のはなびらにきらめいていた。

私が現在住んでいる横浜市からは、ＪＲの直通電車を利用すれば錦糸町駅まで四十分ほど。北口から駅前の広場に出ると商業ビルが周囲を取り囲み、昼時のサラリーマンや買い物客が行き交っていた。駅を背にして右手のほうに見える木立が、七十年前に紅蓮の炎から逃れた人々が殺到した錦糸公園だ。この場所は他の寺や空き地同様に、大空襲の膨大な犠牲者の一部の仮埋葬所として使われた。東京都は一九四八（昭和二十三）年から三年をかけて遺体を掘り起こして改葬しているが、このとき、行方不明になっている家族の問い合わせが殺到したという。

一九五三（昭和二十八）年に東京都が発行した『東京都戦災史』のデータによれば、本所区の昭和二十年の人口は二十五万四九九四人、そのうち死者数は二万五千七百人。なんと住民の九・八パーセントにのぼっている。戦後、消防庁が発表した詳細な報告書によると、三月九日未明、アメリカ軍爆撃機Ｂ29は百五十機の編隊で襲いかかり、約二時間半の間に百キロ爆弾六発、四十五キロ級油脂焼夷弾八千五百四十五発、二・八キロ級油脂焼夷弾十八万三百五発、エレクトロン

（註・マグネシウム合金。二千～三千度の高温で爆発する）焼夷弾一・七キロ級七百四十発をところかまわず投下した。炎はおりからの風速十三メートルの北北西の風にあおられて合流火災がつぎつぎに起こり、消防隊と住民が総出でおこなった消防活動もまったく追いつかず、浅草、城東、深川、本所、下谷地区はほぼ全焼、東京都の面積の四分の一が炎に包まれて焼け野原になってしまった。聰子の家があった本所区は九十六パーセントの面積が焼失した。東京大空襲の被災者はおよそ百万人、死者は推定十万余名にのぼり、一日の死者数としては広島と長崎に投下された原子爆弾の被害をのぞけば、戦史史上例をみない大惨事となった。

終戦後に、被害の大きかった本所区と向島区が合併して墨田区となったのだが、ふたつの地区は戦前の三割にまで人口を減らしてしまっていた。本所区、向島区に東京の生産年齢人口の多くが集中していたのは、軍需産業を支える小さな町工場が密集していたからだ。またこの一帯は、浅草と並んで古くからの木造家屋が建ち並ぶ人口密度の高い地域だったため、犠牲者の数を増やしたといわれている。しかし、それだけの理由ではないだろう。

一九二三（大正十二）年の関東大震災を経験した東京市の幹部は、近代戦の空襲に遭えば大震災どころの被害ではないことがわかっていたし、軍部は、自分たちが行った中国・重慶への、そして連合軍が実行したドイツのドレスデンへの無差別空爆がもたらした破壊力を十二分に把握し

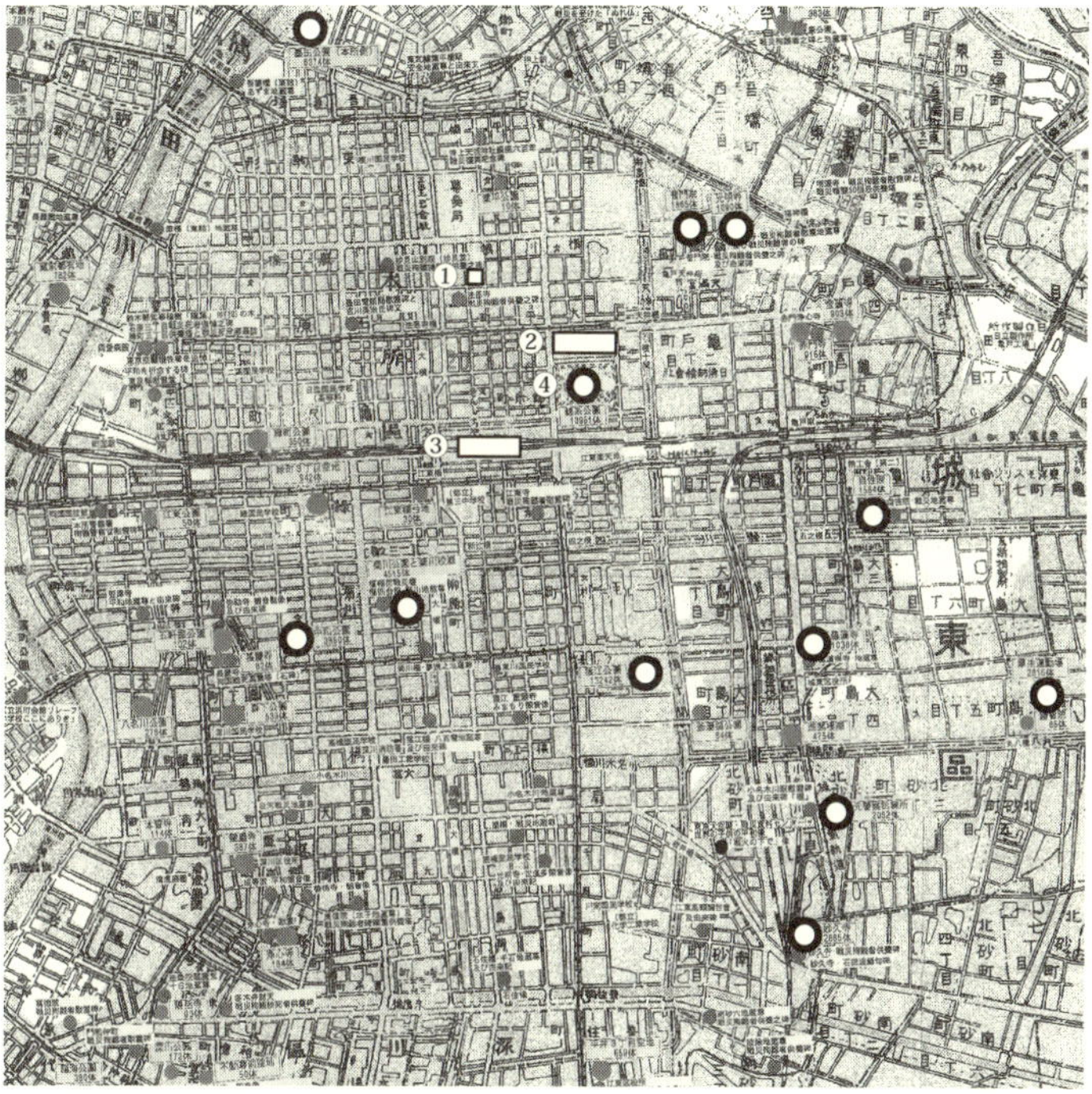

東京空襲被災地図　錦糸町駅周辺
(東京大空襲六十年の会『図録「東京大空襲展」』を一部改変)
○は、主な仮埋葬地
①國谷医院　②次男昌弘が通った精工舎　③錦糸町駅　④錦糸公園

ていた。そこで、まだ東京市であった一九四一（昭和十六）年に東京市防衛本部を設けて、帝都防空行政に関して万全の策を協議してきていたのだ。

なぜなら関東大震災後の都市復興は十分におこなわれず、不燃性の建物は相変わらず少なく、道路の幅はせまく、空き地や公園などの緑や防火緩衝帯も十分でなく、木造民家が密集する光景は変わらなかったからだ。そこへ、大量の焼夷弾をばらまかれたのだからひとたまりもない。

歴史に「もしも……」はありえないが、関東大震災の直後に内務大臣に就任した後藤新平（一八五七〜一九二九）が提案した復興計画がそのまま実行に移されていたら、東京大空襲の被害を少しはおさえられたのではないか、といわれているのはそのためだ。東京都が解決できないまま放置してきた防災対策の遅れが、多くの死傷者を出した一因になった。

東京都が保存していた約三万人分の犠牲者名簿をもとに「すみだ郷土文化資料館」が中心になって調査したところ、二〇一五年になってようやく年齢別の死亡者数がはっきりわかった。それによると、二歳児が最も多く四百八十一名、三歳児が四百四十七名、一歳児と四歳児がそれぞれ四百四十名だった。次に多いのが十六歳の三百八十九名だ。乳幼児に比べて学童が比較的少ないのは集団疎開で東京を離れていたからだが、三月はちょうど卒業式シーズンのため、疎開先から戻ってきた六年生（十二歳児）の犠牲者が二百四十四人と他の学年より多くなっているのはなんとも痛ましい。

勤労動員でかり出されていた中学生たちも数多く犠牲になっていることを考えると、三月十日の空襲によって、戦後の日本を担うはずだった大切な子供たちの命が、一夜にしてどれほど多く奪われたことかがよくわかる。

防空対策に関して政府がやっていたことといえば、会長に総理大臣を置いた大日本防空協会や警視庁防空課による隣組のバケツリレー訓練、つるべ井戸の設置、燃え草の移動指導などばかり。どれもアメリカ軍の圧倒的火力の前には歯の立たぬものばかりだった。しかも、国民の敢闘精神に期待する精神主義を鼓舞するばかり。一九四四（昭和十九）年七月発行の『国民総力』という雑誌には、連日の大空襲に関する対策を聞かれた某陸軍中将の「我々は精神を鍛へて抜けた腰を直すより以外にないと思ひます」といった発言が紹介されている。

防火の第一戦は市民自身、ということを徹底するためである。いったん家から火が出たら、火元の住民や隣組はもちろん、いあわせた人も力をあわせて果敢に消火しなければならない。もし、消火に努めなければ五百円以下の罰金が防空法により科せられた。一方、消火による負傷者には治療の実費として千円以下が自治体から支給される。このアメとムチが功を奏して炎からすぐに逃げるよりもまず消火、という行動が条件反射になった。未曾有の死者を出した一因が、空爆されても防火に挺身することを定めた防空法にあると分析する研究者は少なくない。そのことを三月十日の空襲で都民も骨身に沁みたのか、五月に再び襲われた空襲のときは誰もが消火は二の次にして逃げ出した。

スカイツリーのふもとで

七十年前の一九四五（昭和二十）年三月十日に、この街にＢ29が低空飛行してきて一帯をすべて焼き尽くして焦土にした。こう自分に言い聞かせながら錦糸町駅から歩き始めたが、空襲の碑があるわけでもなく、焼け跡を残した大木がそよぐでもなく、あの悲劇が絵空事に思えてしまうほど、現在のニッポンは別世界だ。

駅前の交番で、戦前の住所である「横川町一丁目二十二番地」が現在のどのあたりかを尋ねてみると、思いのほか駅から近いことがわかった。電波塔・東京スカイツリーを目指して北へまっすぐ一キロメートルほど歩いたところらしい。この一帯のランドマークになっている電波塔を見ながら二つ目の角を曲がると、駅前の大きなビルの裏側は食堂や美容院、印刷所、木造アパート、町工場、倉庫、賃貸マンションなどこまごました商店が続く下町風の街並みに変わった。その先に、世界一の高さの電波塔が空に浮かぶ雲を追い越してそびえる景観と、あの日焼け跡に茫然と立ち尽くした被災者の姿とは、あまりにかけ離れている。

蔵前橋通りを渡ったあたりの四つ角に、「横川一丁目六番地」の標識が現れた。空襲の四日後に、聴子はこの付近までやってきて家族を見つけたのだ、そう考えると気持が高ぶってきた。旧住所には、マンションが一棟、小さな鉄工所、十棟の民家や商店がひしめいている。

次男にあたる中尾和日子は、一九六〇年頃に母親といっしょにこの界隈を訪れた。

「ここに医院が建っていたと言われて、たしか霊性院のそばの十字路の反対側から眺めたような気がするなあ。でも、はっきり覚えていませんね。昔の面影はすっかりなくなってしまったと、母が何度も残念そうに言ったことだけは記憶に残っています」

和日子の言葉どおりなら、現在の横川一丁目六番地のうち、タワービュー通りに面する「六の七」という番地に國谷医院は建っていたことになる。そこで私は、一丁目六番地の一画にある民家や鉄工所に端から声をかけて戦前の町の様子を聞いてみることにした。

聴子の記した文章によると、家の前は「夜店通り」と言われていたとある。夕方になるとアセチレンガスをともした露店が軒を連ね、子供たちや孫の手を引いた近所の人が集まり、庶民的な社交場になっていた。それがいまではタワービュー通りと改名されて幾何模様の石畳になり、両側にはいかにもスカイツリーの眺望をあてこんだ賃貸マンションがいくつも建っている。

事前に入手した昭和二十年代の町内図を頼りに、まだ表札が変わっていない古くからの住人と思われる家々の呼び鈴を押して國谷医院の所在地を聞いてまわる。戦前、國谷医院にお世話になった人が残っているかもしれない。

國谷小児科医院があった一画
夜店通りはタワービュー通りになった

「ごめんください、突然のお尋ねで申しわけありませんが……」

インタホーン越しに声をかけると、ほとんどの住人が直接戸口に出てきてくれる。

「國谷医院？　聞いたことがありませんね、私たちは戦後越してきたから空襲前のことはさっぱりわかりませんね」とまず一軒目の住人。

「ちょっと前ならお向かいのおじいちゃんがよくわかっていたんですけれど。数年前に亡くなってしまったから……」と、残念そうに言う二軒目の住人。

二〇〇八（平成二十）年にスカイツリーの工事が始まってから、このあたりの街並みは激変した。地価があがったせいもあり、古い民家はいっせいに新しいマンションや商店に変わり、古くからの住民は世代交代を機に引っ越してしまった。

ただ一軒、戦前から営業を続けている理髪店「バーバーライオン」が六番地の角に今も建っていた。この店ならわかるかもしれないと思ったが、ああ、やっぱり……。入り口にかかる表札は息子さんらしき名前に変わっていた。

「バーバーライオン」の先代の高田正雄は当時この地区の消防団長を務めていて、國谷一武はその配下で救護員として奉仕していた。その関係で、一九七〇（昭和四十五）年に、東京大空襲のとき警防団員として防火に従事中犠牲になったという死亡証明書を、聰子が自治大臣あてに出したとき、高田は快く証人になってくれた。あれからすでに四十五年が過ぎたから代替わりも当然だ。

その後「バーバーライオン」の息子さんと話をすることができたが、

「父はもう十数年前に亡くなりましたよ。明治四十年生まれですからね、生きていたら百八歳だもの」と言われてしまった。

当時五歳だった彼は、錦糸公園に逃げ込んだことだけはかすかに覚えているものの、そのほかはまったく記憶がないという。すぐ近くにあったはずの國谷医院のことは覚えているだろうか？

「さあ……そういうお医者さんがあったことも覚えてないですね。お役に立てず悪いね。三月十日のことを語れる人はもうほとんどいなくなってしまったんですよ」

と申し訳なさそうに語る。

ご近所で、戦前の國谷医院を知る住民は皆無だった。ましてや、昔の防空壕の在りかなど、わかろうはずもなかった。

スカイツリーにもまして大きく高い七十年という時間の壁が立ちはだかっている。それでもあきらめることができなくて、私は十日ほどたってから出直した。こんどは地図を頼りに周辺をぐるぐると歩いてみた。たまたま犬の散歩で通りがかった女性たちと出会ったので、昔のことを知っている方を訪ねたいのだが……と話すとさっそくこうアドバイスしてくれた。

「お寺さんはどうかしらね、ご住職から老人会を紹介してもらったらどうでしょう。まだ元気なおじいちゃんやおばあちゃんが見つかるかもしれない」

「スカイツリー通りの向こうにある和菓子屋さんにも行ってみた？　あそこのおじいちゃんは八十歳くらいだから、何か知っているかもしれないわ」

ご親切な言葉が次々に出る。下町のみなさんはなんとお世話好きで温かいのだろうか。

そこで、まず近くにある法恩寺へ向かった。この寺は一四五八（長禄二）年に太田道灌《おおたどうかん》が江戸城を築城するときに、城内鎮護の祈願所として建立され、京都から日佳上人を迎えて開山した由緒ある門跡だ。一時は他の場所へ移ったものの、一六九五（元禄八）年に徳川幕府の命令で現在の場所へ移された。関東大震災と東京大空襲で焼失したが、一九五四（昭和二十九）年に再建されていまにいたっている。歴史を感じる門構えや本堂に見とれていると、境内から声がかかった。

「中へどうぞ。関東大震災と東京大空襲の慰霊碑はこの奥ですよ」

どうやら、私のようなよそものが慰霊碑の見学にたびたびやって来るらしい。ちょうど花祭りの準備をしていた檀家の人たちに聞いてみると、ここでも返事は同じだった。

「四、五年前まではは空襲体験を話せるお年寄りがまだお元気でいらしたんですよ。近ごろめっきり減ってしまって。昔のことを話せる方も身体の調子がよくなかったりで。ほんとうに残念です。太平三丁目に住んでいるお年寄りはたしか九十歳を越えておられたと思いますよ、その方なら空襲のことがわかるかもしれませんね」

さらにお坊さんが出てきてこんな誘いをしてくれた。

「九月一日の震災記念日にもう一度いらしたらいかがですか？　この日は老人会の方々がかなりたくさんお見えになりますから」

こうして私は法恩寺から太平三丁目へ向かったのだが、残念なことにそのお年寄りは健康を害しておられるうえに言葉も不明瞭になっていると家の方に言われて、お目にかかることはできなかった。

帰りがけにスカイツリーを振り返ると、夕方からのライトアップが始まって淡い光を四方に投げかけている。柔らかな光で四方を照らし出す目の前の電波塔が、犠牲者の魂を悼む巨大なお灯明のように見えてきた。

語り継ぐ使命感

二〇一四（平成二十六）年九月一日に、私は墨田区太平一丁目にある法恩寺を再訪した。この日は関東大震災供養とすいとんを食べる会が正午から開かれると聞いていたので、少し早めに行って話を聞くことにした。

十時半すぎに到着すると境内にはテントが設営され、その脇の大釜の前で敬老会の世話役たちが数種の野菜を切って、すいとん汁の下準備をしている最中だった。エプロンをつけた男性たちが大きなしゃもじで汁をかきまわすたびに、もうもうとあがる蒸気がだし汁の旨みをふりまく。女性たちの忠実なアシスタントになってかいがいしく動き回っている男性たちは、なんだかとても楽しそうだ。

私が訪問の意図を遠慮がちに告げると、手の空いた人に話を聞いてくれてかまわないとひとりが言う。

「こんなに人手がいるんだからいいですよ。それより、すいとん美味しそうでしょ、戦争中はこんなんじゃないの。菜っ葉が浮いているだけだったのよ」

すいとん（水団）とはでんぷんの生地を手でちぎって汁で煮込んだもので、日本各地の郷土料理に登場する。しかし、年配者にとっては代用食の代名詞になっていて、戦争の思い出と切っても切れぬ食べ物だ。戦中のすいとんは現在のような小麦粉やそば粉で作るのではなく、配給された大豆粉やトウモロコシ粉、コーリャン粉などを使った。汁のだしにするべき醤油や味噌やコンブやかつおぶしなどあるわけもなく、ほとんどはただの塩味の汁にすいとんを放り込み、サツマイモの葉や茎といっしょにくたくた煮て食べるしろものだった。

「今作っているものとは全然違いますよ。若い人は戦争中のすいとんなんて食べられませんよ」

はっはっは……。戦中、戦後を生き抜いて来たお年寄りたちの笑い声が秋の空に拡散し、あたりをなごやかにする。下町の住民はくったくがない。初めて会った者に対しても大きな包容力で迎え入れ、自分のことや家族のことも臆することなく話してくれる。七十年前に下町を襲ったすさまじい戦火を知りたいと願う人間にはことさらやさしい。

テントの中で、何人もの人々から疎開や空襲について貴重な話を聞くうちに、國谷家の子供たちを覚えているという女性に遭遇した。

「ええ、覚えていますとも。國谷さんとこのお子さんたちとは本横小学校で一緒でした」

パーマをかけた白髪のショートヘアと明るい色のセーターが、活き活きした表情によく似合う大河内喜代子（八十三歳）がそう話し出した。

「たしか私の下の学年に二人か三人かいて……一年下の学年にいた男の子は、とりわけよく覚えているんです」
というのも、教室でその男の子が何度も発作を起こし、そのたびに子供たちが大騒ぎしたので印象が強いのだという。ああ、そうだったのか、空襲が激しくなってきたときに、父親の一武が聰子への手紙に三男良弘の持病のことをたいそう心配して書いていたのはそういうわけだったのか。

大河内喜代子によると、空襲が激しくなった一九四四（昭和十九）年から、国民学校四年生以上は縁故先がある家庭の子供をのぞいて、みな千葉県市原郡に集団疎開をした。

「横川の子供たちはほとんどが千葉県だったわねえ。大きなお寺を宿舎にして共同生活をしていたんですよ」

「あの当時は千葉もまったくの田舎でね、田んぼが広がるばっかりで何にもなかったねえ」

すると、周囲から「そうだった、そうだった」との声がいっせいにあがる。中学校や女学校に通う生徒たちは集団疎開の代わりに各地の軍需工場にかり出され、武器の製造を手伝っていた。

エプロンで手を拭きながらひとりの男性が話の輪に加わった。

「勉強どころじゃないんだ。人手不足を補ったのは僕ら中学生でしたよ。十三、十四と言えばまだ子供でしょう、それがさ、兵器づくりに加わったんだから。戦争はほんとうに嫌なものだ」

戦中の体験談になると、それぞれの胸の奥からドラマがあふれ出す。

「あら、もうあんなに列ができてるじゃない、大変だ！」

そう言われて法恩寺の正門を見ると、すでに多くの人たちが無料のすいとんを目当てに並んでいた。

「味見をしていらっしゃいね」

敬老会のみなさんはそう言いながら、いそいそと持ち場に戻っていった。


法恩寺を訪問したことで、國谷家の幼い弟たちが本横小学校に在籍していたこと、疎開先は千葉県であったこと、父親の一武が心配していた三男の良弘の持病はてんかんの発作であったことが判明した。さらにこの日、戦前の國谷医院を知っているのでは……というひとりの女性を紹介してもらった。横川橋二丁目で生まれ育った有田菊枝（八十三歳）である。彼女は、自分の体験談を子供たちに聞かせて、反戦の意思を未来につなごうと、数年前から近所の区立業平小学校で語り部を務めているという。後日、電話をしてみたところ、菊枝の父親は地元で接骨医院を長くしていたので聰子の父親の國谷一武とも知遇であることがわかった。そればかりではない、本横小学校の低学年時代、國谷医院に通ったことがあると言うではないか。やはり記憶をつないでくれる人がいた！

「ほんとうですか？　國谷医院をご存じの方はもうひとりもいないと思っていました」

「古い話だし記憶もはっきりしませんから、お役にたてるかわからないけれど……。でも、どうぞいらしてくださいな。早いほうがよろしいんじゃないの？」

電話口で気さくに応じてくれた有田菊枝の自宅を一週間後にさっそく訪ねてみた。何度も横川に通ううちに下町の温かい人情に触れ、街並みにもなじみがでてきたので商店街を歩くのも楽しい。ＪＲ錦糸町駅の北口からスカイツリーを見ながら方角の見当をつけて進むと、菊枝の住む区画まで迷わずに到着することができた。彼女の住むあたりは戦前メリヤスを仕立てる家内工場が多く集まっていたそうだが、いまは新建材を使った新しい家が整然と並んでいる。

玄関から出て通りで待っていてくれた菊枝は、笑顔を浮かべた優しそうな婦人だった。モダンな三階建ての家の中にはエレベーターが設置してある。

「これがとっても便利なの。歳をとると階段の昇り降りが辛くなるので息子がこの家を新築したとき造ってくれたんですよ」

さりげないひとことから菊枝の穏やかで幸せな老後が感じられる。そういえば、法恩寺に集まっていた敬老会の面々もみな満ち足りた老後を過ごしているように感じられた。戦争に青春を奪われた彼らだもの、その分も幸せにいつまでも元気で過ごしてほしい。菊枝は煎茶を淹れながら、ゆっくりと話し出した。

「大空襲のあった三月十日のことですね。長い間思い出すのが辛くてね、人さまにお話しする決心がなかなかつきませんでした。けれど私たちに残されている時間はもうわずかですから、語り継いでいかなくてはだめだわね」

当時、国民学校の六年生（十二歳）だった菊枝は、集団疎開先の千葉県市原から三月四日に戻り、横川橋二丁目の家で女学校進学の準備をしていた。両親と四歳違いの弟と四人で暮らしていた。ミカン箱を利用した家庭菜園でとれるダイコンの葉やサツマイモを入れたすいとんが日常食だったあの頃。

「法恩寺のすいとんは美味しかったでしょう、戦争中に食べたものはあんなじゃないの（笑）。でもそれっきゃ食べるものがないんだから」

「前日の九日はとても寒くて風が強かったことを覚えています。夜、寝ついてから空襲警報が突然響き渡って……。なんだかいつもと違うなあと思った瞬間、母にたたき起こされました、外に飛び出したらもうどこもかしこも火の海でしたよ。両親から、弟を連れて四ツ目通りにあった町内会の大きな防空壕へ避難するように言われてね。弟の手を放さないようもう夢中で火の粉の中を走りました。防空壕に無事入ったのはいいんだけれど、すぐに煙が入り込んできて息が苦しくて苦しくて……。あとさきのことを考えもしないで外へ飛び出しました」

——周囲はどんな様子だったんでしょうか？

「逃げる人たちで大混乱ですよ、空から火の粉や炎が猛烈な勢いで降ってくるの。通りに出てすぐに、背中の荷物に大きな火の粉が貼りついたおじいさんに会ったんです。〝おじいさん、火がついてるよッ〟って大きな声で教えたけれど、風が強くて聞こえないんです。あっという間に、私と弟の目の前でおじいさんは火だるまになって倒れました。もう恐くて恐くて大声で泣きながら逃げました。弟の手を放しちゃいけない、そればっかりを考えていました。途中で消防団の人が、錦糸公園ならまだ火が来ていないから、そちらに逃げるよう教えてくれたんです。人の流れに押されて、なんとか逃げ込むことができました」

——公園は避難してきた人でいっぱいだったのですね？

「ええ、もういっぱいの人で……。公園のトイレに逃げ込もうとしたらそこがもう満員なんですよ。しかたがないので、弟とふたりで必死になって木立ちの茂みにもぐりこんで、炎をかわしながら夜が明けるのを待ちました。爆発音が鳴り響くし、大勢の人が押しよせてくるし、一睡もできませんでした」

蔵前橋から亀戸の方へ向かおうとしていた人の中には、途中の錦糸公園に避難して一命を取り留めた例もある。

——夜が明けると景色が一変していたのでしょう？

「何と言ったらいいんでしょう。……家の方を眺めると、昨日まであったものが何にもないんですよ。建物もめちゃくちゃっていうか、もう廃墟ですよ。ガソリンの臭いやなんだかわからない異臭があたりをおおっていて、どこもかしこも煤で真っ黒でしたね」

幸いなことに菊枝と弟はやけどもなく無傷だったので、両親に無事を知らせるために家に戻ることにした。まだ余熱が伝わってくる焦土の中を、必死に歩いて自宅へ向かった。

「煤のせいかガソリンのせいか目が痛くて、よろよろと泣きながら歩いていました。そうしたら、途中で知らないお年寄りに言われたんです、あちこちに仏様があるから踏まないように行きなさいって」

――それまではよくわからなかったのですね？

「そうなんです。まわりをよく見ると炭のように黒こげになった遺体なんかが、あちこちに転がっているじゃありませんか。ぞっとしましたね。暗くなる前になんとか帰らなくちゃと思って必死で歩いて、弟とふたりで両親が戻るのを待っていたんです。あちこちの燃えかすから炎がぼっぼっと出て、すごく不気味でした」

――さぞ心細かったでしょうね、焼け跡に弟さんとふたりだけで……

「それはもう……。でも私たちはほんとうに運が良かったのです。両親が私たちを捜しに戻ってきて家の前で会えたのですから」

――國谷医院の被災状況を聞いたのは、いつごろのことですか？

「空襲からしばらくしてからだったと思いますよ、國谷さんのところは焼夷弾に直撃されて一家全滅だったと聞かされました、父は接骨医でしたけど、同じ医者同士でおつきあいがありましたからね」

——國谷家の防空壕をご覧になったことはありましたか？

「いいえ、私が國谷医院にお世話になっていたのは小学校の二、三年生の時だったから、戦争の始まる前なのです。扁桃腺をしょっちゅう腫らしたので診察していただいたんですが、戦争が始まってからはほとんど行かなくなりました。院長先生ですか？　優しかったですねえ」

菊枝のおぼろげな記憶によると、昭和の初めごろの國谷医院は木造の二階家で、待合室まで二階から子供たちの声が響いてきたという。

すでに記したように、國谷一家のように防空壕に避難して命を落とした人々は数しれない。物資もろくにない状況で素人が手作りした防空壕は、大量の焼夷弾を浴びせるアメリカ軍の攻撃の前にはほとんど役にたたなかった。命を守るどころか、炎と熱風が吹き込んで壕の中は蒸し釜状態になってしまい大変危険だった。ところが、当時の政府は防空壕作りを奨励し、そこにさえ逃げ込めば助かるという宣伝、教育をさかんに行った。そのため、聰子の家族も反射的に防空壕へ逃げ込んだと思われる。それとも前の年の十一月の空襲で、周囲が焼けて広い空き地になっていたため、よもや延焼はしないだろうと考えたのかもしれないし、力を合わせれば消火が可能だと思ったのかもしれない。いずれにせよ当時の政府は国策を遂行するのに精一杯で、国民の命や暮らしや財産を本気で守ろうという気概などないに等しかった。
「先生の子供さんが七人も亡くなったと思うと辛いですよ。國谷さんの悲劇はひとごとではありませんもの。あの空襲を体験したここらの住民なら誰だってそう思います」（有田菊枝）
愛する家族と愛着いっぱいの町を失った人々の無念さと哀しみを、横川の被災者たちは戦後もずっと共有しながら歳月を重ねてきた。

聰子の証言と覚悟

聰子は、生前に記した戦争体験記の中で、「その前後のことを繰り返して書く勇気を私は持たない」、「子どもたちにさえ当時の有様をくわしく話していない」、「ただ茫然自失というほかなくて、正確には思い出せない」と独白している。実際、東京大空襲の辛い体験を自分の胸の内にだけおさめて、戦後の日々を生きてきた。世間の荒波から防波堤のように自分を守ってくれた両親、仲の良い兄弟妹が凄惨な最期を遂げた様子を、口に出して詳細に語る勇気をなかなか持てなかったのだろう。

そのかわり聰子は一家を失った心情を、学生時代から親しんできた和歌によって吐露。悲劇の直後からいくつもの作品を詠んでいる。凄惨な現場のありさまを医学生らしい怜悧な観察力で表現もしている。家族を失った不条理さと慟哭が強くにじみ出ているこれらの歌。戦争を知らない私たちでも、三十一文字の連なりから、その場のすさまじさを容易に想像できる。

日足らはし白雲去けり春まひる　血脈の屍九つを掘る

全《まつた》きは幼な屍たらちねの　み庇ひ著きあはれその位置

抱き起せば爛れし膚《はだへ》あはれ破れ　母が腑あたたかく我が膝に溢る

立木すら熱き樹汁《しる》噴く株となれる　焦土に屍焼かむすべもなく

ぐおうぐおうと炎迫り来る真夜深く　いまはの際になに思ひけむ

めくるめく思ひに堪へて立つ我に　屍の臭いする風吹きすぐる

戦後、それもかなりの時間がたってから、聰子は戦争の悲惨さをもっと広く世の中に、特に若い世代に伝えねばならないと覚悟を決めたらしい。「一般市民の声なき声を書き残すのは、私の義務ではないか」という決意をもって、一九七四（昭和四十九）年頃から、新聞や雑誌に精力的に寄稿を始めた。それはまるで、何か、心の中の堰が一気に切れて水があふれ出すように、あの日自分は何を目撃したのか、戦後、医者となった自分はどういう気持で患者と向き合い、命を大切にしてきたのかなどをつづって、忘れ去られていく人と時代のメッセージを読者に届けた。新聞や雑誌のほか、所属する医学会の定期刊行物や東京女子医学専門学校卒業四十周年の文集『蕎地』まっしぐら』（昭和六十二年刊）にも、「ひとり遺されて」と題して、東京大空襲の犠牲になった家族のことを紹介した。

また、一九九二（平成四）年には母校の桜蔭高等学校で開かれた講演会で、平和な時代に生まれ育った後輩たちに、焼け跡から家族を発見した当時の様子を語った。自分の体験を淡々と語れるようになるまでには、五十年近い歳月が必要だった。以下は、母校での講演会記録の抜粋である。

焼け落ちた柱や土をよけてみますと、防空壕の入り口は濡らしたお布団でふさいであって、父と兄はその外で必死の防火活動をしたらしく、まさに燃え尽きていました。入り口の近くにあった鉄かぶとは兄のもので、その中の頭骨は崩れて、ほとんど灰に近くなっていました。

壕の中でも三日間焼かれた遺体はすでに一部は白骨になっていて、残っているのは胴体だけで、母の遺体の下から見つかった貯金通帳や生命保険の証券には、流れ出た脂がじっとり染みこんでいました。人間もお魚と同じに焼くと脂が出るものなのです。

美術学校の「美」の字のボタンの学生服は確かに弟でしたし、桜蔭（の女学生だった）の妹はこれから進学する音楽学校の楽譜を抱きしめていました。小学校の弟二人は分離できないひとつの塊でした。でも、よく見ますとやはり幼い子ほど形を遺していて、このような生命の極限でも両親が子供をかばった形跡がありありとわかるのでした。

あたりを見回しても木片ひとつ見当たらず、とうてい火葬にできないので、仕方なくまた壕の中深く埋め戻しますが、その前にひとりひとりほんの少しづつ拾い集められたお骨を、焼けていびつになったアルミのお弁当箱を拾って入れたら、カラカラと音を立てました。

（中略）

私はともかくもこのように生きてきて、あの大きな不運を決して不幸にはしなかったと思っています。でもやはり、私の家族がなぜ死ななければならなかったかという疑問はいまだに私の中で解決できないでいます。生きていれば、きっと活躍していたでしょうにと、今でも胸が痛みます。納得のいかないままにこの大きな疑問をごくりと飲み下してしまっている今、私は世の中のたいていの理屈に合わないことを飲み込んでしまえそうに思います。

（桜蔭高等学校で行われた講演会記録より）

江東区北砂にある資料館「東京大空襲・戦災資料センター」の設立者である作家の早乙女勝元は、語り継ぐ意義をある講演のなかで次のように話している。

（いまの人たちは）平和ということが空気みたいに感じられちゃうんですね。空気があることを有り難いなんて思う人ありませんからね。たっぷりあるうちに生まれて、ここまで育って来たのではありませんか。でも空気が無くなって見ると後の祭りという。まな板の上のお魚と同じです。そうすると戦争体験が有ろうと無かろうと、現在を生きている私どもにとって共通して大事なことは、空気の様子によく目を配るということでしょう。もうちょっと難しい言葉で言えば、社会的感覚を磨くということであります。

広島市では被爆者の高齢化をうけて、二〇一五年から「伝承者」制度がスタートした。二年間の研修を受け、原爆被害の実態を学び被爆者の体験談を伝承し、戦争経験のない世代が語り部になる。三十代から七十代までの五十人がすでに未来へ向けての語り部を務めていると聞く。東京大空襲を語り継いでいくためにも、似たような制度が整備されることが望まれる。

語り部の活動のほかにもしてほしいことがある。「東京大空襲・戦災資料センター」をはじめ、墨田区横網には関東大震災の犠牲者といっしょに祀る慰霊堂や記念館があり、墨田区、江東区、台東区のお寺や四つ辻には宗教団体や町会や個人が建立した慰霊碑が建っているものの、東京大空襲だけの国立もしくは都立の記念館はいまだに建立されていない。軍人とその遺族や原子爆弾の犠牲者とは違って、空襲の被災者には何の補償も見舞金も支払われていない。

なぜ広島や長崎の平和の鐘のように、三月十日のあの時間に全国に追悼の鐘が鳴り響かないのだろうか？　東京をはじめ、二百にものぼる都市への無差別空爆という史実をもっと知らしめてほしい。

第三章　北の大地と開拓者魂

北帰行をたどる

二〇一四（平成二十六）年の六月下旬。私は長男の眞人《まこと》、次男の和日子《かずひこ》とともに聰子の家族が眠る札幌市郊外の里塚霊園を訪ねた。抜けるように青い空の下にたたずむ國谷家の墓石。その脇の墓誌に、戦災死した一家九名の名前が刻まれていた。聰子は後年、約十年ごとに墓参を繰り返していたほか、札幌で学会があると必ず亡くなった家族に会いにきていた。

墓参後、一家の葬儀を行った札幌の國谷保一の家族に当時の話を聞き、夜は、聰子の母方のいとこにあたる小野木家の面々と懇談をした。その席上、コピーをして持っていった一文（「女の生と職」月刊地域保健一九八〇年六月号掲載、五十一～五十二頁参照）に目を通したいとこたちが、誰言うともなく疑問を口にした。

「こんな苦労をしてまで、なぜ聰子さんはひとりで稚内へ向かったんだろうか？」

それはそのまま私の疑問でもあった。出席者のひとりがこう推測する。

「大空襲で肉親をはじめ何もかも失ってゼロになったわけですから、自分の歴史を掘り起こしたくなったんじゃないでしょうか。絆を大切にしたいと思ったのだと思いますよ」

なるほど。そういった心境になったのもうなずける。

集まったいとこたちの中に、七十年前に母親を訪ねてきた聰子を覚えている人物がいた。滝本昌俊（七十五歳）である。彼は当時五歳。父親が稚内のはずれにあったウロンナイ（潤内）国民学校の校長をしていたので、一家は校舎に続く教員宿舎に住んでいた。

昌俊は少し遠くを見るような目になってあの日のことを語った。

「それはもう天使みたいでしたよ、二十歳の妙齢の女性が、突然寒村に現れたわけですから。しかも都会風の女性ですから。まぶしい感じが忘れられないと、その後も兄とずっと話したものです。思いつめたような様子？　全然なかったですね。聰子さんは終始はつらつとした話しぶりで明るかったなあ。まさかそんな悲報を知らせに来たなんて知りませんでした。そのときは子供でしたからね」

悲報を伝えに来た都会育ちの若い女性を、過疎地に育った幼い兄弟は憧憬のまなざしで眺めていた。

それにしても人生は不思議な縁の連なりである。成人した昌俊は聰子と同業者同士となって、何度か小児科学会で出会う機会

國谷家墓前にて
左・著者、右・中尾和日子
著者の左に墓誌がある。

を持った。彼が、五歳のころにウロンナイの教員宿舎にやってきた聰子のイメージはずっと変わらなかったようで

「聰子さんはいつも背筋をぴんと伸ばしてね。私にとってはいつまでもまぶしい存在でしたよ」

と言って笑った。

翌日の早朝、私たちは、聰子のいとこで札幌在住の橋本淳《あつし》の案内のもとに、一九四五（昭和二十）年四月に聰子がたったひとりで向かった稚内の叔母たちの住居跡と、聰子の母方の祖父が開拓民として入植したオホーツク海沿いの小さな町、枝幸《えさし》へ出かけた。

淳が運転する四輪駆動の車は、札幌から〝石狩街道〟とその昔呼ばれた国道二三一号線を北上し、一路ノシャップ（野寒布）岬を目指した。

建築資材関係の会社を立ち上げて六十歳まで経営、いまは不動産業を営む淳は、ジャンパーをひっかけてまるで現場を案内するようにきびきびとした態度で面倒をみてくれた。運転をしながらめりはりのきいた声で説明をしてくれる。

「そこだ、そこだ！　見えましたか？」

「えっ？　何が？　どの建物ですか？」

「私が通った学校ですよ、関係なかったかね（笑）」

空まではじけそうな笑い声が北の大地によく似合っている。

「そっちに生えているのはイタヤ、ナラ、クルミだね。向こうに光っているのは石狩川だ」

車は単調な一本道をひた走るが、淳のおかげで長い道中もあまり気にならなかった。車はいつしか二三二号線を走り、遠別町、天塩町をすぎてから左折して一〇六号線へ入る。海岸線に沿って続くサロベツ原野を走って抜海へと向かった。札幌からすでに六時間。天塩川を渡ってからは人っ子ひとり出会わない。対向車も来ない。車窓の左手に続く日本海は本州で見るそれとは深みが違う。怖くなるほど自然が大きい。道路脇には愛らしいローズ色のハマナス、黄色いカンゾウが咲き乱れ、北の大地に心地よい風が吹き渡っている。午後二時をまわったころ、ようやく「稚内まで四十キロ」という標識が出てきた。

滝本昌俊がポイントアウトしてくれた地図

「今日はガスっているなあ、晴れていると礼文や利尻が見えるんですよ」

と敦が大海原を指す。

「さあ、いよいよだな。このあたりからウロンナイ小学校を探しましょう、もう圏内に入っているはずです」

淳がツアーリーダーのように指示を出して車の速度をゆっくりと下げる。

「ちょっと確認してもらえるかな」

と、札幌で滝本昌俊から預かってきた地図を眞人に渡す。地図といっても、海岸に沿って伸びるひょろひょろした一本道と川や山が書き込まれた簡単なもの。七十年前に聰子が訪ねて行った学校はすぐに見つかると思ったけれど、そうはいかなかった。淳の機転で私たちはまず稚内市に入り、そこから聰子が記した一時間半歩行のキロ数を推測しつつ、「まっすぐ前に灯台、右側に日本海」という記述をたよりに一本道を戻ってみることにした。

「橋本キヨさんの家があった山下町（註・現在の宝来）から女の足で一時間半……ということはだいたい五〜六キロくらいだと思うよ。だけど豪雪の中だから五キロがせいぜいでないかな」

ゆっくりと車を走らせていた淳が大声で言う。

「よーしっ！　ここが市内から五キロメートルの地点だ。学校らしきものはあるかな、目印の川はどうだ？」

ところが昌俊の地図に描かれている小川は見あたらず、あたりには野生のカヤやクワの木がざわざわと風のうなりに伴奏をつけるだけだ。

「よーしっ、歩いて探そう、そのほうが早そうだ」

車を降りて私たちは二手に分かれ、風で海へ飛ばされそうな、頼りない細い一本道を何度も行ったり来たりした。七月に入ったというのに風がなんと冷たいのだろう。

一家全滅という悲劇に襲われた聰子は、シベリアからの季節風に耐えて最果ての一本道を七十年前に歩き続けた。

「どんな気持で歩いたのか遥かなことでもう忘れましたけれど、とにかく何かしていなくてはいられない」気分がそうさせたと聰子は書いているが、まるで映画のワンシーンのように感じる。

私たちは海風の冷たさにだんだん耐えられなくなってきた。市役所で戦前のウロンナイ国民学校のあった場所を聞いたほうが早そうだ。

「そうだね、これじゃあ風邪をひいてしまうな」

と淳も言う。そこで、再び車で市内へ戻り、市役所の教育課の好意でようやく学校があった場所を突き止めた。

そこは閉校寸前の稚内西小学校だった。

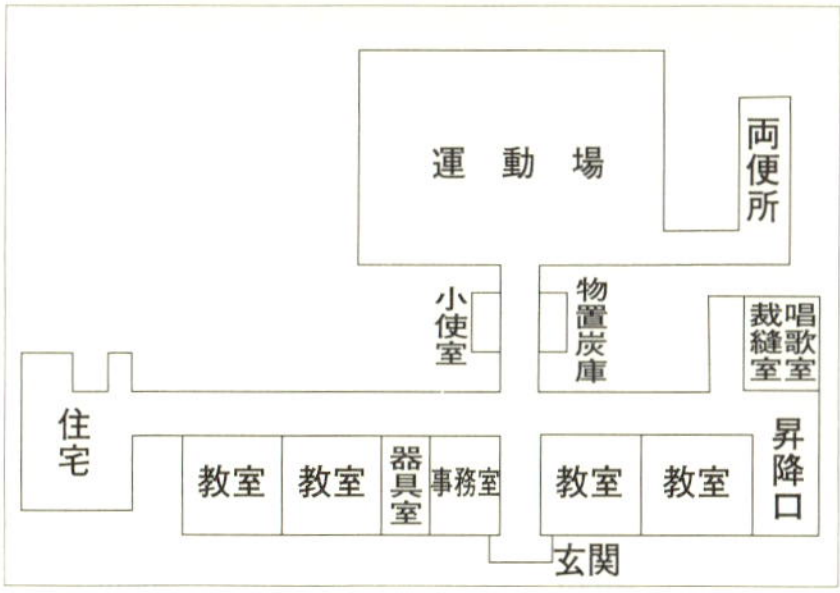

稚内西小学校（元ウロンナイ国民学校）は2015（平成27）年に閉校となった。
下図は1937（昭和12）年頃の校舎平面図

聴子が訪ねた叔母一家の住む宿舎はとうの昔に取り壊され、様子はまったく変わっていた。ガラス戸を開けて建物の中に入ると、たまたま教員室にいた親切な事務員が訪問の趣旨を聞き、歴代校長の肖像写真がずらりと並ぶ廊下に案内してくれた。淳が言う。

「これが滝本さんじゃないかな」

確かに「滝本一夫」と名前が記されていた。七十年前の戦時中、滝本校長は教員をしていた妻とともに、お国のために子供たちとこの国民学校を守っていた。古ぼけた歴代校長の写真を、若い事務員がおとぎ話の登場人物でもあるかのように仰ぎ見た。

ここで聴子のひとり旅の後日談として記しておくことがある。

実は帰京後に眞人が整理してくれた古い手紙の中から、北の果てに住む叔母たちを聴子が訪ねたことに関して叔父とやりとりを記した手紙が出てきた。なぜ二十歳の乙女がわざわざ稚内までひとり旅をしたのだろうという疑問に対する答えらしきものが書いてあった。以下は、敗戦の翌年に札幌の國谷保一が聴子へ出した便りの一部である。

（中略）お前が葬儀のため来幌し早速稚内に行って貰ったのはお前の境遇を熟知して貰いたかったからです。然かるにお前がお前の境遇を完全に知ったか知らずかいざ知らず、私が安太郎叔父様（註・聰子の母の兄）より聞かされた最初の言葉は、お前の父が小野木家に未だ債務のある話しでした。私はお前が稚内に行き小野木家の人々と融合したと思ったのに告別式前にその様な話しを聞かされようとは想像だにしていないことでした。

（昭和二十一年四月二十三日付）

つまり彼女が北の果てまで行ったのは、叔父の國谷保一からの要請も動機のひとつだった。一武には生前、小野木家から子供たちの教育費にあてるための借金があったため、父の遺した負債をどのように処理するかを小野木家と相談し、自分の置かれた境遇をよく説明してくるようにという親心から、保一はあえて聰子を北の果てまで送り出したようだ。もちろん、聰子自身は、親族の絆を確かめるためや、強く生きようという決意にも似た内なる力に押されて旅立ったのだろうが……。

ところが、この手紙にあるように、負債問題が解決されていないことを知った叔父は感情を害した。聰子にしてみれば、叔母たちのもとへと向かったものの、そこで負債の問題を話しあう心の余裕はとてもなかったろう。どんなに聰子が気丈であっても、家族を一夜にして奪われた報告を言葉少なにするのがせいいっぱいであったと思われる。

聰子が北海道から戻ってわずか四ヶ月後に学生結婚をして國谷家を出たことも、厳格な叔父には無責任に映ったようだ。父親を突然亡くして國谷家の戸主になった聰子が、家督相続の責任や負債問題を解決しないまま他家へ嫁ぎ、東京で生活を始めたことに合点がいかなかったのだろう。

その後、和人のアドバイスもあって、聰子は一武の負債や葬儀代、仏具代、などの立て替え分も含め、保険金や遺産から精算した。北の果てへのひとり旅は、実はなんとも重い荷を背負ってのものだったのである。

枝幸という風土

翌朝、私たちは稚内から枝幸《えさし》へ向かってドライブを続けた。ホテルを出てからまず宗谷岬に立ち寄った。市内から続く海岸沿いの道路を走りながら、淳が残念そうに言う。

「もう少し天気がよいと、樺太が向こうにはっきり見えるんだけれどなあ」

岬を抜けていく銀色の道路は大きな弧を描いていて、その先に寒々としたオホーツク海が広がっていた。

今日も風が冷たい。原生花園を過ぎた海際に石碑が現れた。「間宮林蔵渡樺の地」と書いてある。探検家の間宮が同僚の松田伝十郎とともに一八〇八（文化五）年にここから樺太へと渡った記念碑である。雲が厚くたれこめているので、淳が言うとおりサハリンを見ることはできなかった。

林蔵の記念碑をあとにして十分も走らぬうちに宗谷岬に到着した。〝日本最北端の地〟と彫ってある大きな記念碑の前で写真を撮る。ウミネコの群れが、マイナーコードでミューミュー、ミャアミャアと鳴きながら飛んでいく。最果てに来たという実感がいやがおうにも湧いてきた。

「ついでだから宗谷岬公園も見ていこうか?」

淳が誘ってくれるので、私たちは丘の上の公園にも行ってみた。岬の国際名である「ラ・ペルーズ海峡」の命名者の碑や海軍の元望楼跡のほかに、北海道の牛乳生産高が百万トンを突破した記念に建てられた「あけぼの像」、一九八三(昭和五十八)年に起きた大韓航空機遭難事件の追悼碑など、巨大なモニュメントがいくつも広い敷地に建っていて、まるで記念碑のテーマパークのようである。あまりに自然が大きく荒涼としていると、人間は自分たちの存在を確認するために何かよすがとなるものを建設したくなるらしい。

その後、私たちはオホーツク海に沿って国道二三八号線をひたすら南下した。枝幸まではまだ八十キロメートル以上も

日本最北端の地、宗谷岬
向かって右が眞人、左が和日子

ある。車窓の左手は濃い群青色の大海原、右手の丘陵には北海道を代表する黄色の花のエゾキスゲや紅い野バラに見えるハマナス、白い小さな花が傘のように広がるカラマツソウなどが咲く原生湿原とクマザサの茂る一帯が交互に続く。西側の海岸線をドライブしたとき同様、どこまで走っても風景はほとんど変わらず、人家はまったく見あたらなかった。

道中、またしても不思議なかたちをしたモニュメントに出会った。オホーツク海をのぞむ海岸沿いの広場に建っているのは一九三九（昭和十四）年の吹雪とおおしけの日に、オホーツク海で遭難した旧ソ連のインディギルカ号の慰霊碑だった。猿《さる》

インディギルカ号遭難碑

払《ふつ》村のホームページには以下のような案内が載っている。

「この慰霊碑は、昭和14年12月、浜鬼志別沖の荒れ狂う吹雪の中で、旧ソ連の貨客船『インディギルカ号』が座礁転覆した際に失われた７００名以上の貴い命を悼み、昭和46年に建立されました。世界の海難史上に残る大惨事の発生を知り、村民総出で約４００人を救出した行為と犠牲になった人々の魂よ安かれと祈る心を顕した慰霊碑です」

一八九〇（明治二十三）年に、和歌山県の串本沖で台風のために座礁したオスマン帝国の軍艦

「エルトゥールル」号の乗組員を地元の漁民が必死で救助をした美談は、いまも日本とトルコの友好の証として語り継がれている。二〇一四年からトルコの中学校の副教材にこの話が掲載されたので、子供たちの親日感情を育てるのに一役買っている。それに比べて、インディギルカ号の遭難と村人の犠牲的精神はロシアではほとんど知られていない。

その原因は、スターリン主義のもとで旧ソ連政府は、旧ソ連政府が漁民と偽って、この船で多数の政治犯とその家族を護送していたからだ。旧ソ連政府は、遭難事件を公にしたくなかったので、遺体の引き取りを拒否。しかたなく、猿払の村人は遭難者七百余名をねんごろに葬った。

戦後、日本政府は北方領土問題もあって旧ソ連との関係が良好ではなかったので慰霊碑を建てるまでに長い時間がかかった。一九七一（昭和四十六）年、日本側が慰霊碑を建てるときにソ連政府は御影石などを寄付したが、殉難者への対応は冷淡なままだった。

「村をあげていまも慰霊祭を続けている猿払の人たちは立派だ、偉いものだよ」

淳にそう言われてモニュメントを仰ぎ見た。祖国から迫害され、異国の海に投げ出された遭難者たちは、猿払村の誠意に人間の心を見たことだろう。わずかな生還者たちの中には慰霊碑ができたことを知ってわざわざこの地を再訪した人もあった。

猿払から二時間ほどドライブを続けて、ようやく枝幸の町に近づいた。

「えさし」という地名は北海道にふたつある。そこで「道南の江差」、「道北の枝幸」と区別している。どちらも名前の由来はアイヌ語だ。聰子の祖父母が開拓民として入植した道北の枝幸は、二〇〇六年に歌登《うたのぼり》町と合併して新しい町になった。明治時代には砂金の産地としてにぎわったこともあったが、現在の人口は一九七〇年代の約半分に減り、九千人を割り込んでいる。

枝幸はオホーツク海の海岸線が約五十一キロメートルも連なることからわかるように、海産物が豊富に採れる。とりわけ毛ガニやサケ、ホタテが有名で、ほとんどの住民は漁や養殖業で生計を立てている。

札幌から高速道路を使っても六時間以上かかるが、私たちは稚内を先に訪れてから宗谷岬をまわって東部の海岸線に出るコースをとったために、よけい遠くへ来たように感じた。

二三八号線を左折して枝幸の町に入った。

明治時代に区画整理された道路が碁盤の目のように走る中心街は、遠くまで見渡せるほど真っ平らだ。ランドマークといえば、町役場の建物くらいだろうか。

約束の時間まで三十分ほどあったので、淳に頼んで町をひとまわりしてもらった。車窓から改めて眺めると地形にも建物にも高低差がなく、人家も店もみな規格サイズの箱にみえる。歩いている住民はほとんどいない。枝幸には、明治時代にできた日本で一番古い公立図書館があるはずだが、案内板が見つからなかった。

町を支配しているのは人間ではない、オホーツクからの海鳴りと道ばたの雑草をふるえあがらせる冷たい風と静謐さだ。このあたりでは七月までストーブが手放せないそうだから、零下二十度にもなる無音の冬がどれほど過酷な季節か容易に想像できる。

初めて母のルーツに連なる土地にやってきた聰子の長男眞人も次男の和日子も、まるで異国に来たような様子でどこかおさまりが悪い。百年近い時空は、血の交わりをも断つほど厳然と横たわっている。眞人と和日子は、この町に住む親族に会いに来たのだが、枝幸との心の距離感を自覚しているようだ。眞人がこう言った。

「この町にはもう小野木の本家もありませんし、母の叔父にあたる佐藤健三の娘さん一家が生田姓になって住んでいるだけですから」

眞人の言葉どおり小野木の一族は、豊治の孫の代からじょじょに離れ、いまは生田高子夫婦しかいない。

私たちは予定よりも早く到着したため、車の中で時間をつぶしていた。

「生田高子さんが小野木家のことをどれだけ知っているか……。あまり期待はできないと思うなあ」

と、和日子がつぶやく。

「健三さんの娘さんは、僕らが小さいころ東京へ何度か遊びに来たじゃない、だからなんとなく覚えているんだ。もう何十年も会っていないから、お互いびっくりだろうな」

和日子が話すように、東京の中尾家には、北海道から親戚がときどき訪ねてきていた。高子は、奥沢の中尾家の世話で、一時期東京で仕事をしていたこともあった。その時のおぼろげな印象を頼りに、数十年ぶりに高子と会うふたりはわずかに緊張している。

「そろそろ行きましょうか」

淳は私たちをうながすとハンドルを切った。信号機もない交差点の上を大きな海鳥が弧を描いている。ゴーストタウンのような町をしばらく走ると、エプロンのすそと束ねた髪を冷たい風にはためかせている女性が目に入った。

「こんな遠くまでおいでくださって……さあ、どうぞお入り下さい」

高子は東京近郊の新興住宅地で出会う妻たちの雰囲気があった。三十代で枝幸に戻ってきたのには何かわけがあったのだろうか。

客間に入ると、鴨居に小野木豊治、佐藤健三、そして妻たちの遺影が並んでいた。二階からはペットの犬の鳴き声が聞こえる。

開拓者の子として

「父の健三は佐藤家に養子に来てからは、小野木の家とはあまり連絡をとりあっていませんでした。学生のとき、東京の國谷さんのところへ何度か遊びに行ったとか、三月の大空襲後に東京で聰子さんと防空壕へいっしょに入ったことがあると聞いたことがありますが、それ以上の詳しいことはちょっと……」

お茶を淹れる手をとめて思案顔をする高子。記憶や情報があいまいなせいか、どこか浮き上がった声音で話す。

「何のお役にもたてなくて」と彼女が繰り返すたびに、眞人たちもただ恐縮している。

聰子の祖父の小野木豊治は、親のすすめる婿養子の縁組みを嫌って分家した。明治時代は、長男以外の男の子が何人も生まれると、幼いころに他家へ養子に出るか、成人してから婿養子の話を受け入れたものだった。しかし、小野木豊治は養子になって安定した生活よりも自分の力で切り拓く人生を選択した。一八九四（明治二十七）年、十七歳の時に山形県から単身北海道へ渡り、開拓民となる。当時の北海道の基幹産業といえば松前藩時代以来の漁業だったが、豊治が移民してきたころから農業が奨励され農業移民の数が圧倒的に多くなっていた。

彼は札幌に渡るとまず醬油醸造業者のもとで仕事を始めた。それからまもなくするとゴールドラッシュに湧くオホーツク海側の枝幸に移り、そこで新しい生活を切り拓くことになった。

当時、北海道の基幹産業として期待された漁業は、明治時代に入ってから不漁が続いていた。そのため漁業に従事していた移民たちはあっという間に生活が困窮していった。そこへ降って湧いたように起こったのがゴールドラッシュだった。一八九〇（明治二十）年代から十勝川や天塩山地で砂金が採れるようになると、枝幸郡の浜頓別町一帯は当時、カナダの金鉱コロンダインを模して〝東洋のコロンダイン〟と呼ばれるようになる。漁業を見捨てた開拓民はこぞって砂金採りに転向。一八九八（明治三十一）年には、さらに奥のパンケナイ川、ウソタン川の川底から砂金が見つかる。すると、道外からも一攫千金を夢見て五万人以上の男たちが押しよせてきた。この時期、ちょうど明治政府が公布した金本位制も、人々の金に対する期待と思惑を押し上げたので、枝幸一帯はにわか仕込みのゴールドラッシュに熱狂した。

しかし、砂金景気はそう長くは続かなかった。一九〇〇（明治三十三）年頃から採掘量が激減し、大正時代に入るとかつての賑わいはもはや見られなくなった。慣れない砂金採りの仕事や過酷な自然に敗れた者は、北海道から追われるように次々と去っていった。

「開拓民として入植した豊治さんは、大変な思いで暮らしていたと思うんです。だって私の小さいころも熊がしょっちゅう出てきたし、大吹雪や寒さも半端じゃなかったんです」

高子は茶碗を両手にはさんで、鴨居の上の先祖の遺影を肩越しに見やる。

砂金ブームがぱたりと止まった後も豊治は北の大地で格闘を続け、家族を養うためにがむしゃらに働いた。砂金採りの代わりに農業を始め、次に原木の切り出しや米の販売に精を出し、その後はじょじょに塩、タバコ、酒、雑貨など扱う商品を増やしていった。実直に商売を続けたおか

1932（昭和7）年に撮影された小野木家一家
左から、叔母・（橋本）キヨ、叔父・（鳥海）二郎、叔母・（大塩）ユキ、祖父・豊治、伯父・安太郎、叔父・栄治、叔母・（滝本）トミ、叔父・（佐藤）健三

げで、十年も経つと枝幸で一番の食品雑貨商として認められるようになった。豊治が興した「小野木商店」は、枝幸で最初に電話を設置したことで知られている。その番号はもちろん「01」。酒にもバクチにも手を出さず、真面目に働いたおかげで新しい小野木家の基礎を郷里から遠く離れた北の大地に築くことができた。豊治は、村のゴミ捨て場だったところを率先して開墾、そこをキャベツ畑にして村人に収穫を分け与えたり、借金で困る住民がいればそれを肩代わりして地域に尽したことが認められ、村会議員に選ばれて村の名士になった。だが、一九四〇（昭和十五）年に起きた枝幸大火で小野木商店は全焼。その翌年、豊治は六十四歳で亡くなった。

前頁に載せてあるのは、一九三二年に枝幸の自宅で撮影された聰子の母方の祖父の小野木豊治と子供たちの写真だ。娘の橋本キヨの回想では、暮らしぶりが上向いても豊治は決して贅沢をせずに一年を通して筒袖にもんぺという身なりで過ごし、よそゆきの袴や羽織、背広とは無縁の一生を貫いたという。

写真の中で豊治が珍しく袴と羽織を着けているところをみると、よっぽどのハレの日に撮ったものだろう。家族が集まっているので正月かもしれない。妻はこの三年前に亡くなっているため、また長女のキサ（聰子の母）は結婚して東京に住んでいたため、写真中に姿がない。

子供たちの真ん中に座る豊治は小柄ながら頑丈そうな体軀で、日に焼けたカツオブシのように硬くしまった腕が袖からのぞく。苦労の証しのしわだらけの顔の真ん中に小作りの目鼻立ち。意思の強そうな表情は、キサによく似ている。

夫婦の仲はむつまじく四男五女に恵まれたが、三番目の娘を六歳で亡くし、次男の二郎と三男の健三をそれぞれ鳥海家、佐藤家に養子に出している。クリスチャンだった夫婦は、つましい生活の中から貯めたお金のほとんどを教育費にまわし、子供たちを枝幸からはるかに遠い札幌の専門学校や大学へ送った。三男の健三は、戦後故郷にもどるとすぐに町議会議員に当選し、一九六三（昭和三十八）年から四期、枝幸の町長を務めた。健三は、第一章で記したように、東京大空襲直後、家族全員をなくして途方に暮れていた聰子を物心両面から援助してくれた人物だ。

以下は娘の橋本キヨが父親を偲んでつくった短歌である。

若き日に一攫千金の夢もちて　ペンケの川辺に日々砂篩ひし

吹雪明け　米倉炭倉へと道つけし　父のモンペ姿今も瞼に

望郷の思ひつのるか切々と　山形民謡うたひ止まざる

キヨの短歌からもうかがえるように、聰子の祖父母や母親のキサらは開拓者として過酷な自然と格闘しながら日々を営んできた。だが、そうした先祖の苦労から遠く離れた四代目ともなれば、墓石の下に眠る伝説にすぎない。

私たちは高子の案内で、以前佐藤健三が住んでいた家の前を通って小野木家があった場所に行ってみた。その昔、村で一番賑わっていたという商店の面影はなく、跡地はごくふつうの食堂と駐車場になっていた。アルミサッシの引き戸を開けて中へ入ると、がらんとした店内に手書きの文字でメニュー表が貼ってある。ラーメン、冷やし中華、カレーライス、本日の定食とメニューが並ぶ。ラーメンは枝幸風だというので頼んでみたが、期待したほどホタテ貝の味はしなかった。どこにでもありそうな醤油味のスープをすすりながら、私たち四人は誰もが言葉少なになっていた。遠くまでやってきたという感慨が、それぞれの胸に去来していた。

父方は御典医

聰子の母方は北海道に入植した開拓民であり、父方の國谷家は御典医の家系ということがわかっている。聰子が生前調べていたメモによると、父方は「四百余年の歴史を持つ旧家で、もともと但馬国久田谷《くただに》村に居を定めていた國屋丹後守がその祖であり代々御典医を務めた家系」という。しかし、十五代目にあたる父親の一武が大切に保管していた系図が東京大空襲のときに焼失してしまったので、正確なところはわからない。聰子が取り寄せた他の資料によると、國屋丹後守は美濃赤坂城主に仕えていたが、豊臣秀吉との合戦に敗れて兵庫県城崎郡久田谷村へ落ち延びて、久田谷の一字をとって「國谷」と改名したことになっている。

國屋丹後守が落ち延びた久田谷村は、兵庫県の中北部に位置する養父《やぶ》市八鹿《ようか》町にあたる。標高一千百三十九メートルの妙見山をはじめ、美しい山々に囲まれた山麓の町には、稲穂がみのる田園が広がり、出雲神社から譲り受けたという室町時代に建った五重塔が人々の生活を見守っている。養父市に今も住み続ける遠縁の一族は「國屋」と称し医業に就いているところをみると、こちらのほうが本筋で、聰子の姓の「國谷」はそこから派生した分家のように思われる。
國谷一族が兵庫県から北海道へ移ったのは、明治初年、聰子の祖父數衛の代に開拓に従事するようになったからだ。國谷保一によれば、國谷數衛は家督を妹夫婦に譲って一八八一（明治十四）年、郷里の志士である木下弥八郎につき従って室蘭へやってきた。

当時の北海道には、戊辰《ぼしん》戦争（一八六八〜一八六九）の敗者となった仙台藩、会津藩、盛岡藩、名古屋藩らの士族移民が大挙して入植していた。明治維新によって多数の失業者を出した士族階級の救済策として、政府が北海道への移住と開拓を奨励したからである。元の藩主たちは一族郎党とともに新天地へ移り、国策に協力することで戊辰戦争での汚名を返上しようと努力した。

國谷數衛

「このような戊辰戦争を直接的動機とする士族移民の数は一千七百戸、六千三百人で彼らの開墾面積は二千三百町歩に達している」（『北海道の歴史下・近代・現代編』北海道新聞社刊）と記されているところをみると、北海道発展のいしずえとなった士族移民の努力は大きい。

士族の集団移民が軌道に乗ると、縁故者たちも続々と新天地を目指すようになった。そうした流れの中で國谷數衛も室蘭へ渡ったのだろう。國谷數衛はやがて釧路の

數衛（右端）とその家族
右から２番目、立っているのが一武。左端は數衛の妻

厚岸《あっけし》に入植し、教員や測量技師、搾乳販売業など職業を転々としながら北の大地に溶け込んでいった。彼は自分が果たせなかった青雲の志を、子供たちに伝えようと必死で生活をやりくりしたことだろう。その甲斐あって、長男の一武は東京に出て医者となり一家を成すようになった。數衛の自慢の息子であったに違いない。

一武自身も、家系図を後生大事にしていたことや一家の家長としてのプライドを持ち続けていた様子から、武士の家系であることを誇らしく思っていたことがうかがわれる。札幌から東京へ遊びに来た國谷家の親族が本所の家にやってくると、妻や子供たちに対して厳格な一武がよほど印象深かったのだろう、帰宅後に土産話として語ったほどだ。

喘息持ちのひ弱な子

幼い頃の聰子はどんな子供だったのだろうか?

実は小さい頃の聰子は、小児科医である父親からこんな重症の喘息患者はいまだかつて診たことがないと言われるほど、気管支に問題を抱えていた。そのため小学校も満足に通えず、両親にはそうとうの気苦労をかけた。

一般的に言えば、小児喘息はだいたいが一歳から三、四歳までに発症し、ほこりやチリや煙などのアレルゲン(抗体)を空気とともに吸い込むことが原因で、ひどい咳がとまらなくなる。聰子の場合、実家を取り巻くように建っていた町工場からの刺激物(たとえば麻袋の工場やメリヤス縫製工場からまき散らされるほこり、旋盤や溶接工場からの粉じん、飴の工場が使う人工香料など)にアレルギー反応を起こして発作を繰り返した。そればかりでなく、家の前の通りに毎晩並ぶ夜店を照らすアセチレンランプのカーバイトから出る煤煙も、聰子を苦しめた。弱った気管支はすぐさま炎症を起こし、息をするたびにゼーゼーヒューヒューとあえぎ、激しい咳がとまらなくなる。粉じんから逃れるため、夜は綿の手ぬぐいをつなぎ合わせたカーテンに囲まれて眠るしかなかった。咳き込んで眠れぬ時、うつらうつらする意識の中で、枕元で手を合わせて祈る父親の姿を覚えていると、後年聰子は語っている。

ひどい咳が何日も続くときは、壁によりかかってあえぎ続けるしかない。聰子は少しでも楽になりたくて、父に「注射、注射」とエフェドリン（註・一八九二年、長井長義によって麻黄から分離されたアルカロイド、喘息の治療薬として知られる）を打ってくれるようせがんだ。発作の合間には読書をするのが唯一の慰めだった。聰子は持病のせいもあって内気で文学好きな少女に育っていった。

小学校に入学しても喘息の発作はおさまらず、まともに通学もできない状態だった。免疫療法でも病状が改善しないため、一武はある決断をした。転地療養である。聰子が小学校二年生のときに、一武は郊外の世田谷に家を借りて聰子だけでなく妻や他の子供もいっしょにそこで暮らすようはからった。転地療養した世田谷の家は、現在の小田急線豪徳寺駅からほど近いところにあった。

転地療養の約四年間、聰子は世田谷の小学校へ、兄たちは成城中学校へと通って過ごし、一武は妻子と別居してひとり横川橋の医院に寝起きした。休診のときは妻子の暮らす世田谷の家へやってきて、聰子を診察しがてら家族とつかのまの休日を過ごすのだった。

昭和初期の世田谷は雑木林と田畑が広がったのどかな田園地帯で、武蔵野の面影が色濃く残っていた。春にはモンシロチョウが菜の花畑の上を飛び交い、雑木林に入れば木々の若芽がほんのりとした紅色の外皮から顔をのぞかせている。兄の忠弘が大の生物好きだったので、夏にはクヌギ林でクワガタムシやカブトムシを探し、オニヤンマ、オハグロトンボ、シオカラトンボなどを追いかけた。虫かごを持った聰子はいつも兄のあとをくっついて歩き、茜色の残照の中を仲良く家路へ向かった。冬には地面から十センチも突き出た霜柱を踏み倒しながら、武蔵野の季節の感触を味わった。

そういえば、一九二七（昭和二）年から世田谷区奥沢に住み始めた私の父も、少年の頃の思い出として、自宅の周囲にはタヌキが出てくるような雑木林があったり、スイカ畑が広がっていたと話してくれた。現在は暗渠《あんきょ》になっている目黒川支流の呑川《のみがわ》では、フナが手づかみで採れたそうだ。

「あの頃の記憶は、緑に包まれて今も私の宝である。自然の中で私たちは耐えることを学んだ。嵐、雷、日照り、草木の成長、自然を相手にどんなに焦っても怒ってもすべてはお天道さま次第。季節は決して早くは巡ってこないのだから」と、聰子は後年回想している。

しつこかった喘息の病状も、雑木林や野原の中を駆け回って過ごしたおかげでだんだんに治まり、小学校五年生になって本所区の横川橋の自宅へ戻るころには、ほっぺたの赤い元気な子供に戻っていた。その後、桜蔭女学校に入学することになるが、このころには発作がほぼ治まって、ようやく学校生活を楽しみながら続けることができるようになった。

第四章　再びの歩み・命をつなぐ日々

学生結婚に踏み切る

終戦から八日目の一九四五（昭和二十）年八月二十三日。二十歳の聴子は、亡き妹・美意子の恩師であった中尾和人と結婚した。武蔵野音楽学校で声楽の講師をしていた和人は三十歳だった。

ふたりの結婚は、東京大空襲で家族全員を失った聴子を、中尾家が引き取ったように思われたかもしれない。だが、実際は違う。漠然ながら将来を考えていた愛弟子の國谷美意子が戦災死をとげる不運に見舞われた和人は、たったひとり遺された姉の聴子を放ってはおけなかった。美意子の終焉の地にふたりでお参りに行ったり、互いの思い出を語り合ったり、今後の生活の相談相手になるうちに、だんだんと自分に惹かれていく聴子を和人は受け入れた。学業半ばにして聴子が結婚を決意したのは、自分のことを心から心配してくれる和人の気持に愛情と信頼感を抱いたからだろう。六月には結婚のための身上書を取り交わし、七月に入ると結婚を前提にして札幌の親戚と國谷家の家督をめぐって打ち合わせをしている。

なぜこれほど結婚を急いだかといえば、和人に再召集令状が届く可能性が高くなり、ふたりを取り巻く状況がきわめて厳しいものになりつつあったからだ。

彼は音楽学校を卒業後、新潟県新発田市に駐屯地があった陸軍に入隊して満州へ送られたが、戦地で負傷して一年半の療養後に除隊になって戻ってきていた。そんな和人にも再召集が来るほど戦況は逼迫《ひっぱく》していたのである。本土決戦が目前となれば若い女性が東京にいては危ない。聰子を北海道へ戻すよう札幌の親族から催促が来ていたし、中尾家もそれが最善だと考えた、しかし、連絡船はおろか列車の切符もとれない。さらに、東京女子医専の寄宿舎から立ち退かなければいけない状況に追い込まれていた。

すでに覚悟はしていたものの、いよいよ和人に再召集令状が届いた。そこでこれらの状況を総合的に判断して、再召集予定日である九月二日前に、結婚式を挙げたいとふたりは考えた。もちろん聰子は喪に服していたので、ごくごく内輪の出席者（和人の母と姉と叔父、家主の石倉夫妻）に立ち合ってもらうだけにとどめた。新婚旅行も記念写真もない、ほんとうにかたちばかりの祝言であった。

聰子の死後、遺品の中からたくさんの古い手紙が見つかったことは序章でも述べたが、その中に、大空襲の直後から和人と聰子がやりとりした私信がいくつも入っていた。それらを丹念に読んでいくと、一九四五年三月、四月あたりは、妹が思いを寄せていた恩師という立場をわきまえて和人と交信していた聰子が、五月、六月と月日を重ねるうちに、共通の思い出を語る以上に信頼のできる話し相手として、さらには自分の今後の人生を託すに足る相手として、急速に気持が接近していく様子が文面からうかがえる。

一方、和人のほうにも心境の変化が起きる。最初は、愛弟子を失った悲しみの中で、一家全滅という悲劇を背負ったその姉をおもんぱかっていたが、いっしょに本所の焼け跡へ花をたむけに行ったり、思い出を語り合ったり、亡き美意子への秘めた思いを吐露したりするうちに自分の気がまぎれていくことに気づき始める、当初は聰子の中に美意子の面影を追っていたのだが、姉妹とは言えまったく個性の違う聰子の魅力にひかれていく……。

五月に和人が聰子に出した手紙。

私はあなたに対する気持が美意ちゃんに対した時と全然反対です。師弟といふ気持もあったんですが、実に強力に容赦なく引きずりまわしたいという感じですが、貴女に対しては不思議とより多くの女らしさを感じますし、私はただ何も言はなくてもよいといふ安堵と心やすさを思ひます。

（昭和二十年五月二十二日付）

以下は聰子が日記に走り書きした当時の心境だ。あふれるロマンチシズムと情熱的な表現で綴られている告白は、恋の不安と陶酔感にあふれている。昭和二十年代生まれの私でさえ時代がかって感じられるのだから、メールやラインで絵文字入りのやりとりをする現代の若い女性たち

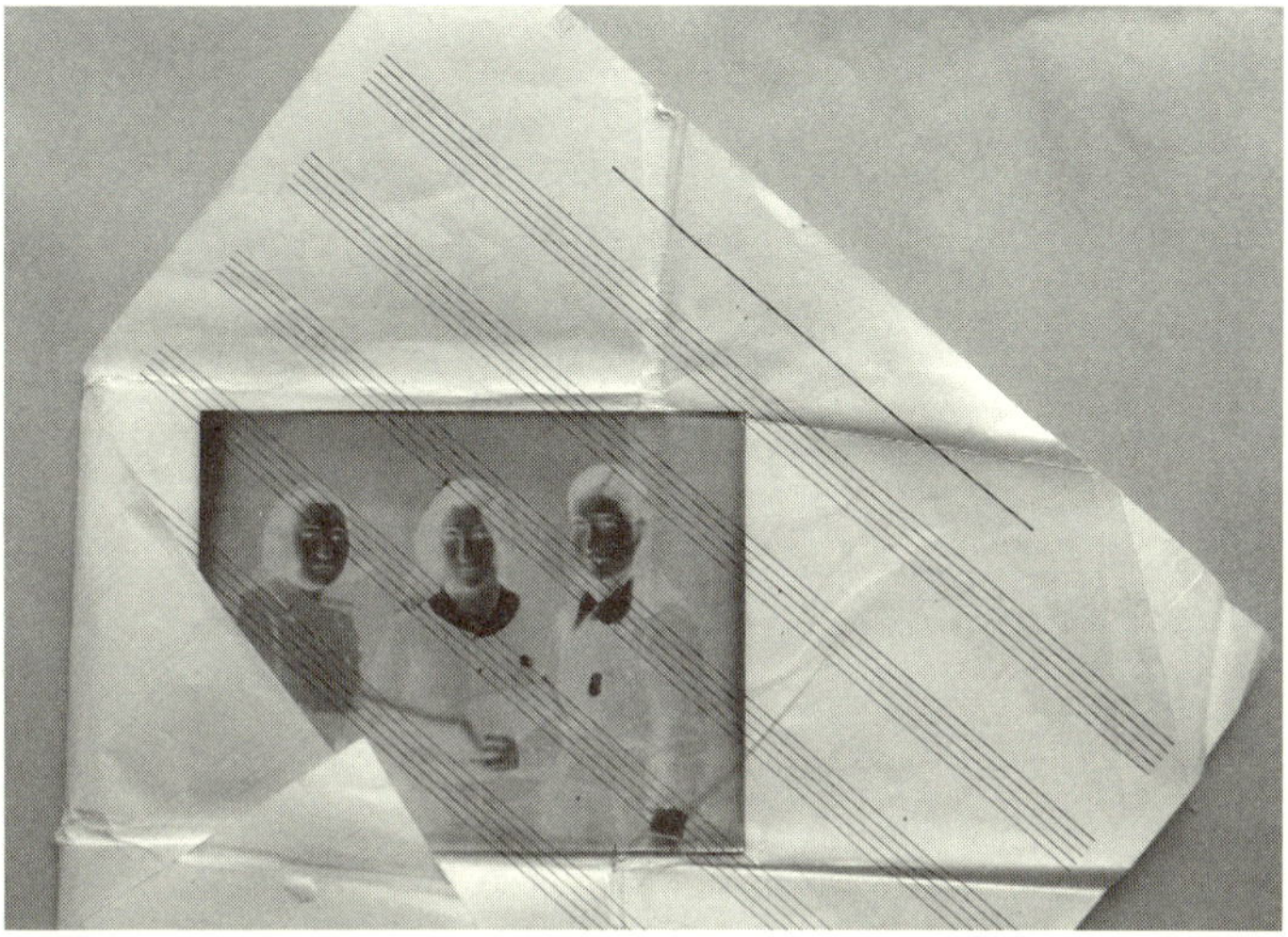

和人が大切に保存していたガラス板ネガ
彼が個人教授をしていた頃の美意子（中央）

にはどんなふうに映るのだろうか。

守るべきことは守って乗り越えてしまおうかとおっしゃったそうしたあなたを見て居ますと苦しくなって参ります。知らず知らず私がお苦しめているのではないかと。私にはどうしようすべもない奔流。それを全身に感じますと私の中でも潮がうねって参ります。せきとめられた奔流が湧き出づる力を失ってひっそりとしづまったその中からきらりとひかるつめたいもの、その名はあきらめ……

（昭和二十年七月九日の日記）

あなたについて行くことはそうむつかしいことでもないと思はれむつかしいことのようにも思はれます。私、これだけ絶対的にあなたにしたがって居りながら、まだ全部が全部肯定しきれない一抹の不安を感じて居ります。もっと深く知りたい、お話し下さいませ。そして私の迷ひをとりのぞいて下さいませ。こんな心がまだ残って居るのは私がまだあなたを全部理解しきれぬからなのでせうか。私の心がかたくななのでせうか。

（中略）私に音楽的教養のないという事、これから先はたしていささかの矛盾も感じないでせうか。始めから気にかかって居りましたことながら此の頃考えられてなりません。（中略）日々の生活のうちにたのしさを見出しては参りますけれど、日々の生活はまた私を磨く道場であり祈りのときなのでございます。本当にまだ未完成な殊に家政のことについては飽くまで学生、二十一歳（註・数え年）の今年まで学生生活ばかりを過ごして来た私にはこれから先学ぶべきことがどの位あるか分かりません。それを強力に指導して下さるのはあなたとあなたのお家しかございません。それにしては一寸さびしうございます。私はまだお客さま。私の身分が決まる日までこの距《のり》をこえてはいけないのでせうか。私の不安の根源があるひはこんなところにあるかも知れないとふっと思ってみたのは昨日でした。

（同年七月十七日の日記）

七月半ば頃兆したあなたへの不安や疑惑は私を神聖化しすぎたあなたの苦痛の反映でした

のね。あれ以上超えてはいけないやうな、schwester（註・ドイツ語で妹。修道女の意味もある）で居ようと思って居りました私、誤って居りましたのね。私は飽くまでFrau（註・フラウ・ドイツ語で女性、妻の意味）、Frauとしての自覚を徹底的に把握したとき、私はこの頃の混沌を一足飛びに乗り越えられるような気がします。

（同年七月二十二日の日記）

限りない信と愛。あなたがどんなことをなさろうともたとへ世界中のひとがあなたに疑惑の目を向けることが万が一あろうとも、私はあなたを信じます。永久に、未来永劫に私はあなたのもの。あなたは強い。弱そうに見えても。男らしさがたりないと私は決して思ひません。あなたは私の全言行の責任を負って下さいます。下さるような気がするのでなくて事実。それ以上何をのぞみませう。

（同年八月四日の日記）

人、ひとりの全責任を負ひ得る強さはそう容易なものではございません。そして又それ故にこそ私はたのみきってあなたのあとをついてゆくのでございます。女学校時代よんだハンス・カロッサの指導と信従。そのときは難解でしたけれど今になってこの信従といふ言葉が本当に好きです。

（同年八月五日の日記）

ふたりで心の傷を癒しあううち、和人は奥沢の家にも招待して母親らと過ごす時間をつくった。そして、いつしか週末ごとに訪れる聰子を心待ちにするようになった。

こうした和人の好意をありがたく思う反面、聰子は亡き妹への心苦しさや将来の不安などで心が乱れる。自分が妹の美意子に比べて音楽の素養がまるでないことや、美人ではなやかな性格だった妹とは対照的に、地味できまじめな性格であることにコンプレックスを感じていたのだ。当時の心境をつづった手紙や日記を読むと、妹が心から慕っていた男性のもとへ嫁ぐまでの葛藤を、見るおもいがする。

食糧難と格闘する

中尾家はもともと都内北区十条に住んでいたのだが、あたり一帯の民家が空襲による延焼防止の緩衝地区に指定され、いわゆる〝建物疎開〟で取り壊しになったため一九四五（昭和二十）年四月に世田谷区奥沢五丁目へ越してきた。その家は和人の義姉の実家にあたる石倉家の持ちものだったが、疎開先として一階を利用させてもらい、石倉家の人々は二階で生活をすることになった。その頃は民間が使える貨物列車は限られていたので、中尾家の人々は十条から奥沢まで引っ越し荷物を牛車で運んできた。

八月十五日、日本は敗戦を迎えるのだが、中尾家の人々は戻る家がなかった。そこで奥沢の家にそのまま住み続けることになり、そこへ聰子が加わった。その後も和人の姉夫婦や妹夫婦も引っ越してきたおかげで、一階は満員状態となる。

一九四六年に、石倉家から土地と家をおよそ十二万円で譲り受けて中尾家は以後奥沢に落ち着くことになるのだが、終戦後の混乱期に加え大所帯の家族との同居で、新婚の聰子は気持の休まる時がなかった。

女子医専校内で。温美を学友らに紹介した聰子

結婚当初、医学生の身分のままだった聰子は、東京女子医専の授業が一九四五年九月十七日から再開になると迷わず復学した。翌年の一九四六年六月に長女の温美《なごみ》を出産。子育てをしながら学校に通い、一九四七年に無事、東京女子医学専門学

【右】新宿駅前から並ぶ露店
【左】1945年、買い出しの人々で混雑する電車
（いずれも写真提供・読売新聞社）

校を卒業した。

彼らが新婚生活を送った一九四五年から一九四八年ごろまでは、社会全体に戦禍のあとがまだ深く残っていたうえに、インフレによる物価の値上がりや物騒な事件が多発した。なかでも、生きるための食糧調達という戦いは熾烈をきわめた。海外からの引き揚げ者や復員兵が急激に増えたこともあり、食糧が絶対的に足りなかった。そこで誰もが庭や空き地を即席の畑にして、コマツナやサツマイモを植えたり、リュックサックを背負って一握りの米を買い出しに近郊の農家まで出かけたり、食糧を調達するために闇市場をまわるなどして窮状をしのいだ。

敗戦後の二、三年間は配給の食べ物をめぐるけんかや殺人があとを断たず、歌舞伎俳優の十二代目片岡仁左衛門夫妻が、食べ物の恨みを抱いた住み込みの男に殺される事件が起きた。かと思うと、一九四七年には、東京地方裁判所の経済統制法担当の判事が、職務上闇市で流通する食糧は食べられないとして配給食だけで生活した結果、餓死するという事件が起きた。

実際、配給による米はほんとうにわずかばかりだった。中尾家でも、主食を闇市で手に入れたメリケン粉で作ったすいとんやトウモロコシ粉で作った焼き団子でしのいだ。さらに、奥沢の庭にあった防空壕を取り壊して、大家族のために畑を作って、サツマイモ、ナス、カブ、カボチャなどを植えて食糧の足しにしていた。左上の写真は、生後百日になる眞人《まこと》を抱っこした聰子が畑に立っているところだ。

奥沢の家に作った畑で長男の眞人を抱っこする。1949（昭和24）年

食糧難もあってか、一時、聰子は母乳が出なくなってしまい、長女の温美や長男の眞人には配給の玄米を一升瓶に入れて棒で根気よくついて白米にしたあとに重湯を作って飲ませもした。離乳食の時期になっても十分な栄養食をあげることができず、アワや麦の入った雑穀粥に庭でとれたコマツナを入れ、煮干しをフライパンでから煎りしてから粉にしたものをかけて与えなければならなかった。このころを「育児というよりは子供たちに与えられるものを探すのが自分の仕事だった」と聰子はふりかえってい

る。

一九四八年十一月十二日。二年半におよぶ審理の末、東条英機ら戦争指導者たち（A級戦犯）に判決が下った。いわゆる東京裁判である。この日の結審は、戦争を体験してきた日本人にとって、敗戦国としての日本、敗戦国民としての自分を改めて考える大きな事件だったはずだ。聰子は戦勝国によるこの判決をどのような思いで聞いたのだろうか？　残念ながら当時の心情がわかる日記やメモは残っていない。

翌年の一九四九年になっても、まだ水道やガスが整わなかった中尾家では、井戸水を沸騰させて空き瓶に入れ、柳行李を利用したベビーベッドのすきまにはさんで湯たんぽ代わりに使っていた。

「そのような環境の中でも私には不思議に悲壮感がありませんでした。むしろそういう過酷な環境にあればこそ喜びも幸せも大きかった」と聰子は後に記している。

こんなこともあった。周囲に畑や雑木林がまだ残っていた奥沢の中尾家の庭に、野ウサギが迷い込んできた。すると聰子は庭にとんでいってウサギをつかまえ、男たちが躊躇している間に、平然とウサギを絞めて食卓に出した。「……すごい嫁が来た」と姑は一目置いたかもしれない。だが、彼女が中尾家に溶け込むには、まだまだそうとうの歳月と努力が必要だった。

愛だけを頼りに

中尾家は新潟県村上の旧家出身だったので、正月のしきたりや料理にいたるまで代々の流儀があった。昔かたぎの姑と職業婦人を目指す若い嫁は、当然意見の相違が大きかったろうから、聰子の気苦労はそうとうのものだった。生来がんばりやの彼女ではあったが、嫁いできた翌年には長女温美が生まれ、休学もしないで医学の勉強を続けることに肩身の狭い思いをしたらしい。

長女の温美は、祖母が亡くなったあとで聰子からこんなエピソードを聞かされた。

「新婚当時、母が父に煮付けの魚の尾の部分を出したら、祖母から、主人に尾のほうを出すとはなにごとか！　とひどく叱られたそうです。母は頭のほうより尾のほうの切り身が大きかったので、そのほうがよいと思ったそうですが……」

同居していた義弟にも聰子は気を遣った。彼は軍隊経験から負った心の傷が戦後も癒えずにいたのだ。

結婚後は、育児や家事に追われて医学書以外の読書もできない、短歌も作れないというゆとりのなさが、彼女の心を乱し、苦しめた。当時の日記に、その胸のうちが記されていた。

今日一日の楽しかったこと。人の居ない家といふものはこんなにも片付けやすく心が落着き楽しいものなんでせうか。自分一人となれば、一つ一つの物の置き方まで気になりきちんとして置かないと気が済まない。誰にも気がねなくいくら時間をかけてもすべて物事を最善に処理していけるたのしさ。なんだか本当の聰子にかへったやうな気がしました。今まで多人数の中で責任ない立場に立って（実際私に全責任のあるものといって何があるのでせう）分離されていた自己。自分自身の本当の行動のとれなかった自分を今更ふりかえります。あらゆる方面から精神的に制御されていて、何にも自分としての心の余裕を持たずあれほど生命よりもと思ったことのある歌にさへ没頭できずに来た数ヶ月が後悔ににた気持でかへりみられます。そして同時に申し訳なく思ひます。これでよいのか、本当に貴方に値しない聰子であったことをお詫びしなければと思いました。

（昭和二十一年四月二日の日記）

温美は今日一日泣き通し。ありあまる仕事の半分も出来なかった強い後悔、焦り。なぜこうもふがいないのかと思ひもするけれど、去年の今日、一年後にかうして温美を抱いていようとは誰が思ったらう。（中略）この頃の私の生活、一体学生なのかしらと思ひます。それでも黙って一生懸命働きませう。私だけではない、私ひとりではないのですもの。私以上に苦労していらっしゃる貴方を忘れては居りません。

（同年七月二十一日の日記）

この頃まじめに思ひます。私ははたして貴方のよき半身なのでせうか。あなたがえらくなって楽界で成功なさったとき、私はこの世から消えてなくならないかしら。私は苦闘時代の建設時代の縁の下の力持ちでいいんだわ。あなたが世に出たらもっとはっきりしたはでな性格の、社交的な音楽の出来る人のほうがふさわしいと。結婚五年目。もう一度新婚の日の気持に戻らなくては。本が読みたい、ものが書きたい、明るくてすきとほっているような子供に聞かせられるような優しいお話を。

（昭和二十五年八月十三日の日記）

これらの日記の記述からは、和人への愛情だけを頼り中尾家に飛び込んでいった彼女が、結婚の生活にストレスを抱えていた様子が伝わってくる。若くして母親になり学業にも家事にも打ち込む毎日だったが、ときに自己嫌悪に陥って寂しい思いや辛い思いをしていた。特に、学生の身分のまま妻になったことで、姑や和人の姉、弟から批判が集まったことが辛かった。

それでも新しい家族になじもうと毎朝五時に起床して家事をこなした。学校へは家の仕事が済んでから出かける。三月の大空襲で失った家族の絆を、和人とともに新しく創りたいと願っていた彼女は必死の思いであったろう。そんな彼女を家庭にしばりつけることなく、「國谷の父への孝行として、聰子を一人前の医者になるよう支えていこう」と考えていた和人。子育てが一段落をしたら、国家試験に挑戦できるようくじけそうになる妻を励まし続けた和人は、見上げた夫である。

聰子も、若くて未熟な主婦ながらよくがんばった。父の一武から厳しく躾けられていたおかげで決して人前で弱音を吐かなかった。「武士は腹の中で泣く」。彼女はやはりサムライの子、開拓者の子だったのだ。

世話になった同居の親族たちも、世の中が落ち着いてくるとそれぞれに拠点を定め、奥沢の家を離れていった。和人の姉夫婦は茨城県へ、弟に次いで姑も長男夫婦の誘いで京都へ、一時同居していた妹夫婦もよそに移り住むようになると、ようやく聰子と和人と子供たちだけの生活になった。

空襲で失ったかけがえのない命を、未来につないでいくことが自分の使命、とばかりに、一九四九（昭和二十四）年二月に長男眞人《まこと》、一九五〇年三月に次男和日子《かずひこ》、一九五一年七月に三男悟《さとし》をもうけた。振り返ってみれば、聰子の父の選択は正解だった。一九四三年に桜陰女学校を卒業したとき、父のたっての願いで東京女子医専を受験。学校選びには何の「自主性もなかった」

と本人は述懐しているが、そのおかげで、國谷家の命を戦後へとつなぐ使命を担うことになった。

四人の子供の母親となった聰子は、自分が育った温かな家庭の記憶を取り戻しながら、新しい家族の絆を深めていく。

結婚七周年の記念に。すでに四人の子供の母になっていた

八年ぶりのインターン

聰子は、末っ子の悟至が四歳になるまで育児にかかりきりの日々を送った。それはあたかも、無念の死をとげた家族を再生するかのように新しい命と向き合い、自らの生命のエネルギーを充電させる歳月だった。

一九五五（昭和三十）年に、和人の兄の越郎《こしろう》夫婦のもとで暮らしていた姑が京都から戻ってきたのをきっかけに、聰子は再び医師への道を歩む決意をした。こんども背中を押してくれたのは夫の和人だった。インターンとなって復学することに大きな不安をおぼえる聴子に向かって「やってみなけりゃわからんだろう」と励まし、「医師になるのが亡くなった家族への一番の供養になる」と諭した。

こうした和人の言葉を、聴子はどんなにありがたく聞いたことだろうか。

夫からの励ましの言葉をかみしめながら、彼女は父と兄の意思を受け継いで、命の尊さを伝える医者になることを誓った。

東京女子医科大学に再登録を済ませてインターンになった聴子は、大学での実習のために毎日のように朝から家をあけることになった。八歳の長女をかしらに、六歳、五歳、四歳の四人の子供たちの世話を姑に頼み、週末は和人が協力することでなんとか復学を果たした。八年ぶりの白衣であった。

だが、妻として母としての生活から国家試験を目指すインターンへの頭の切り替えはそう簡単にできるものではない。東京女子医科大学では、想像もしなかった試練が待っていた。戦前ドイツ語で覚えた医学用語はさっぱり使えない。戦後はアメリカ式の栄養学や医学が幅を利かせるようになったため、医学用語は英語が中心になっていた。学生時代に使い覚えた器具や医療機械もほとんどが新式のものに代わっていた。臨床現場のカンを取り戻すには苦労がつきまとった。しかも、自分よりずっと年下の学生と講義を受け、実習に臨む毎日だった。

医師を目指す者にとって八年という歳月はあまりに長いブランクだった。母校の外科主任教授だった心臓外科の世界的権威榊原仟《さかきばらしげる》教授の手術実習に立ち会ったときは、鉗子の渡し方のタイミングが遅いと、年下の学生たちの前で叱責された。こうした屈辱的な体験はいくつもあったはずだが、負けん気の強い聰子は「長い医師体験の中でインターン時代が最も辛かった」としか述懐していない。戦時中をともに医学生として過ごし、彼女を支えた東京女子医大の卒業生らにインタビューしたかったのだが、高齢を理由に辞退する人が多く証言がとれなかったことは残念である。戦争をはさんで学生生活を送った彼女たちは、どうしても戦禍のことに思い出が結びつくため、口が重くなっているのかもしれない。

一九五六（昭和三十一）年六月、家族の支えと聰子の努力が実を結び、医師国家試験に合格。同年九月に医師免許を取得。その後、東急目蒲線の矢口渡駅のそばにあった個人病院で約三年間、実務を積んだ後、一九五九年十二月、聰子三十四歳のときに念願の医院を自宅に開いた。以後、小児科、内科の町医者として地域に貢献することになる。

一九五九年とはどんな年だったのか、少し振り返ってみよう。

一月にはメートル法の実施、第三次南極観測隊が置き去りにした樺太犬のタロウ、ジロウの無事が確認され、四月には皇太子（現在の今上天皇）が正田美智子さんとご成婚、五月にはＩＯＣ総会で五年後の一九六四年の東京オリンピック開催が決定し、九月には旧ソ連の宇宙ロケットが月面に着陸。十一月には国民年金制度が発足した。戦後の復興が年ごとに加速して、内外ともに

1959年皇太子ご成婚パレード
（写真提供・読売新聞社）

明るいニュースが多い一年だった。

和人がもちまえの器用さを発揮して作り上げた診察室は、モルタル造りの住宅の前庭にあった藤棚を取り払って、シンプルな箱形の部屋をコンクリートで増築したもの。地面を掘り起こして基礎を固め、鉄筋を何本も建ててフレームを造り、コンクリートを流し込んだ労作だ。職人に頼んだのは、屋根と仕上げの壁塗りと床の板張りだけというから恐れ入る。

午後の診察時間をあえて夕方の一時間だけに限ったのは、四人の子供たちが学校から帰ったときに、「おかえりなさい」と出迎えてやりたかったためであり、学校の授業参観やＰＴＡの行事にも極力参加をするためであった。その一方で急患からの往診依頼は、たとえ深夜の時間でも断らなかった。

厳しくも優しく「どうなさったの？」

遺児たちや医院スタッフの証言などをもとにして、読者のみなさんを一九六〇年代の、手作り感覚あふれる聰子の職場に案内することにしよう。

東急目蒲線の目黒駅から六つ目にあたる奥沢駅を降りて、駅前から自由通りへと出る。そこから住宅街へと続く砂利道（当時はまだ未舗装だった）に入ると、大谷石の屏の向こうから、モミジ、マツ、カキ、ヒバ、ツツジなどの庭木がうっそうと茂る、一軒の家が目に付く。庭の角に大きすぎも小さすぎもしない看板「小児科内科中尾医院」が設置されているのだが、この表示さえなければ両隣りの住宅となんら変わりがない。医院にはおよそ見えない外観。それが昔ながらの町医者の流儀なのだ。

医院の入り口は瓦屋根の門の奥にあり、その右手には庭石が置いてある。その石をおおうように背の低いモミジ、大きなユッカランが植えてあり、入り口の左手には八重の花を咲かせるツバキも。医院の入り口の右手前にはトタン屋根のガレージがあるのだが、自家用車はもっぱら夫が使っていたもので、聰子は車の運転はおろか自転車にも乗れなかった。

来訪者は門を入るといくつかの飛び石を渡り、木製の焦げ茶色のドアを開ける。ドアには自動

昭和30年代の小児科内科中尾医院
全景（上）とその入り口（左）

的に音が鳴るような工夫がされていた。「ピンポーン」と鳴るチャイムをつけたのはしばらく経ってからのことだった。

「小さな患者さんは私のことを〝ピンポーンのセンセイ〟と呼んでくれるのです」と、聰子は「実地医家のための会」の機関誌「人間の医学」の一九八三年六月発刊号にこう書いている。このひとことから、幼い患者たちとのほほえましい関係が浮かんでくる。

　玄関のあがりかまちの角にはいつも花が生けられていた。聰子が毎週花を替えるのだが、疲れすぎているときは手を抜いてそのまま。先週と同じ花が生けてあると、常連の患者たちは「先生、このところお忙しいんだわ」とすぐに察知する。

母屋の一部である待合室には、子供用と大人用のスリッパをだいたい同数揃えておく。幼い患者のために、シロップ剤の瓶が入っていた箱で作った積み木と児童書を用意した。絵本は常時四十冊ほどだったが、どれもみな聰子が子供たちのために選んだものばかりだ。

受付正面のガラス戸には、従業員の姓名をプラスチックの透明ケースに差し込んで置いておくことも忘れない。受付にノートとボールペンを置いて、来院した順番に名前を書いてもらう。こうしておけば順番争いもなく、「たとえ少々記憶力が落ちて患者の顔を忘れる先生でも、新米の受付嬢でもカルテは探し出せるのです。但し小児科なればこそ。婦人科などでは来院者の名前が一目瞭然というのはもちろん困りものです」（聰子の弁）。

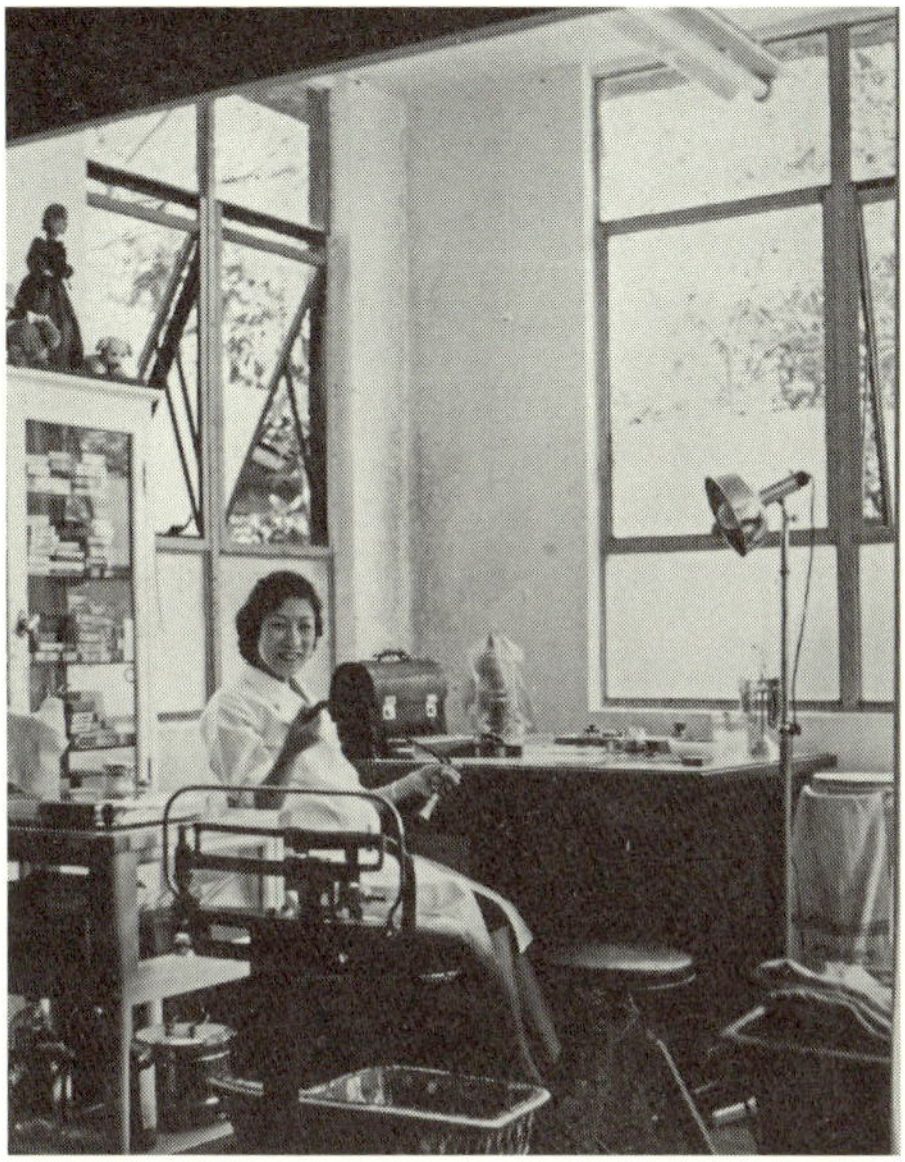

和人が手作りした診察室
庭から木漏れ日が入り気持ちの良い空間

四畳半ほどの診察室の壁は淡い青緑色に塗られ、天井の高さまで三面に開いた窓から入る木漏れ日の効果で、壁はさらにやわらかな風合いをかもしだしていた。

名前を呼ばれて診察へ入ってきた患者に向かっては、いつも笑顔で「どうなさったの？」と語りかける。どんなに自分が疲れていても仏頂面はしない。必ず患者の顔をまっすぐに見て、柔らかなものごしで話しかけることを心がけていた。

幼い患者たちには、診察が終われば挨拶をきちんとするよう教え込んだし、絵本やぬいぐるみのかたづけをいっしょにしながら整理整頓をうながした。

町医者としての流儀

診察室が手作りなら、診療のやりかたも自分の流儀をとおしてひとつのスタイルを創りだしていた。以下にポイントを並べると……

一　患者に寄り添う

初診の患者には過去の病歴をすべて話してもらうほか、時間外診療や休診日に診察した患者には、薬の効き具合やその後の経過を報告してもらう。そうすることで患者に寄り添った診療ができる。だから、報告がないと聰子は遠慮なく注意をした。中には、「時間外診療は報告の義務があるのですか？」と詰め寄る患者がいたり、謝礼品だけ送ってきてあとはそれっきりという家族もいたが、聴子は、自分から電話をかけてその後の様子を必ず尋ねるのだった。カルテは年ごとに書き換えたりしないで、乳児の記録から大きくなるまでを連続してつけて几帳面に整理していた。定点観察とも言えるカルテは、患者本位の医療の証しだった。

二　ていねいな診察

季節のうつろいがはっきりと感じられる診察室には、シクラメンなどの季節ごとの鉢植えや子供たちのためのぬいぐるみやキューピー、着せ替え人形が飾られていた。小児科だから、目立つ医療機器は最低限にして幼い患者に威圧感を与えぬよう工夫した。ベッドにはぬいぐるみを置いたりと子供たちへのやさしい心遣いも忘れなかった。

そんな雰囲気の中で、聴子はひとりの患者に充分時間をかけて彼らの不安や悩みが、病気だけでなく生活のどういったところから来るのかを聞き出して心身両面からアドバイスをしていた。症状だけでなく、病気の不安や生活の不自由さや日頃の悩みを聞き出し相談に乗っていたら一時間になってしまうこともあった。それでも待ち時間が長いという苦情が起きなかったのは、患者とのおしゃべりも診察の一環として聴子が大切にしていたことを、来院者がみな了解していたからだ。

三　薬はなるべく処方しない

自然治癒力を引き出すのが医師としての務めだという立場を貫いていた。長く診ている患者には手持ちの薬をみんな持ってきてもらった。そして、不足分だけを渡すようにしていた。院内処方をずっと続けていたので、お年寄りや母親たちは薬局で二重に待たされることもなく、「ほんとうに助かる」、「大きな病院にはない親切さ」と好評だった。

いつのころからか院外処方があたりまえになってしまっているが、薬局で薬を買うと「薬剤服用管理指導料」なるものが上乗せされ、院内処方よりも割高になることをご存じだろうか？「お薬手帳」を持たせる制度は、ほんとうに患者本位の発想だろうか。

薬はあくまで脇役としか考えていなかった聰子は、ある講演で幼い患者と薬のつきあいかたについてはこんなふうに語っている。

私たちが育てられたころ、抗生物質などはありませんでしたから、子供の病気はほんとうに怖ろしいものでした。そんな中で親ができること、それは自然治癒力を高めるように、子供のそばで付き添っての看病です。私たちのころは病気をしたらすぐに寝かされました。体力すべて病気を治す方向に向けられるよう、他のことで消耗しないようにという親の智慧だったと思います。親がそばに居る安心感で病気が治っていくような気がしたものです。

いまは抗生物質で病気をねじ伏せておいて無理をさせる傾向があるようです、お薬は手伝いにしかすぎません。外科の手術でも縫い合わせるまでは医師の仕事ですが、その傷がなぜつくのか治るのか、それは自分の力です。その力を充分に発揮させるのは心です。科学がこのように発達していなかった昔の育児はもう少し謙虚で、医学の中の科学でない部分、心の部分を大切にしていたように思います。

だから、中尾医院は儲かっていたとは言い難い。聰子本人も夫の収入のほうが多いと認めていた。薬を最低限しか処方しない上、育児を優先するため診察時間を限ったこともあり、聰子の収入は一般の開業医とはかけはなれていた。

四　時間外診療も引き受ける

一般診療のほか、老人のリハビリから地域児童の集団検診や予防注射、研修会、学会などの用事をこなし、夕方には閉院。母屋に戻って家族の食事を用意する。そんな毎日を送っていた聰子だったが、急患の連絡が入れば深夜の往診もいとわなかった。四キロにもなる重い診察かばんを手に、首からは防犯のための笛を下げてどこへでも出かけていった。

五　ご町内のつきあいは身の程に。患者さんとのつきあいは長く大切に

町医者にとって地域とのつきあいは大切なもの。しかし、神社の例大祭や町内会への寄付は控えめにして、祝儀袋も夫の名前を大きく自分の名前はその脇に小さく書いて連名にした。「ケチなのではなく、サラリーマンのダンナ様を下まわる収入の私ではこれが分相応」と考えていた。

乳幼児から面倒を見た患者たちが成長していくと、年賀状はもとより入学、卒業、就職、結婚、出産と、人生の節目ごとに報告が来た。聰子は時間の許す限り返信を出して、成長していく子供たちの祝事をともに喜んだ。

「小児科内科中尾医院」の方針は、このようにすべて患者本位。伝統的な町医者の流儀で貫かれていた。

第五章　家族の安らぎを得て

抱いて抱いて抱きつくせ

小児科医としての聰子はことあるごとに、幼い子供たちと両親の接触の大切さを説いた。時間の長短ではなくて、両親が子供に対してどれくらい思いのたけをかけたかが問われているのだと、若い母親たちに噛んでふくめるように言い聞かせた。聰子が「実地医家のための会」の会報に寄せた一文や講演会の記録を見ると、彼女の育児の方針がよくわかるので紹介しよう。

泣いては母を呼び、その懐に抱かれ、愛されて育った子はこころが安定していて強く優しい。他人への思いやりがある。その子が親になったとき、決して幼児虐待の加害者にはならないであろう。愛を知らずに育った親はわが子の愛し方を知らない。それが次代へ次代へと伝えられていくとき、日本の社会は崩壊するのではないか。

母親よ、わが子を抱いて抱いて抱きつくせと私は言いたい。抱き癖など迷信とさえ思う、愛された子なればこそ厳しく叱ることもまた可能なのだ。

そして一方、産科の病院は産後母子同室にしてはいただけないだろうか。生後一週間、新生児の純白な脳裏に擦り込まれるものはどうか母の顔、母の姿であってほしい。母もまた、

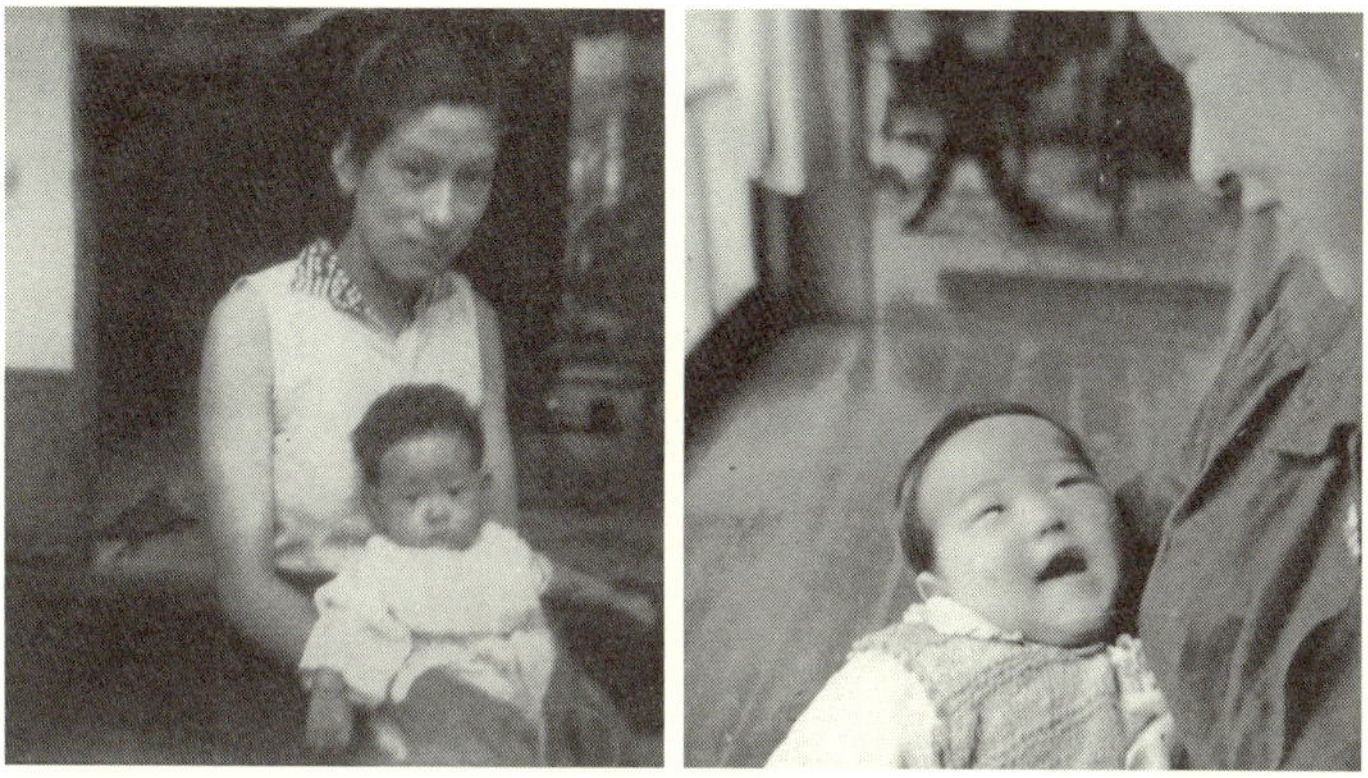

おんぶして抱っこして、スキンシップを大切に育てた
左温美、右眞人

子を抱いて母乳を吸わせてこそ母親になっていく。
母子別室。ここにも泣かない子が増えていく一因がありそうに思う。

（「人間の医学」二〇〇三年十一月号より）

戦後の一時期、抱っこだけでなく添い寝やおんぶまでが子供の自主性をさまたげるとして敬遠されるようになり、抗生物質などの薬にたよる医療が主流になっていた。そんなころ、ある講演会で聰子は母親たちにこう語っている。

最近のお母さんはほんとにおんぶをしなくなりましたね。私は五年間に四人の子供を産み、そのうえ三人は年子でしたから、小さい頃は一日中誰かしらおんぶをしていました。子供たちは私の背のぬくもりをまだ覚えていると申します。（おんぶは）もう少し復活していい日本の習慣だと思います。外国からはいったことでなくて、代々日本で受け継がれてきた習慣は、日本の風土に合ったことなのでしょう。（中略）

親に愛された記憶はたとえその両親が亡くなった後でも、人間ひとりを絶望の淵から救うことができるほど強いものであってほしい、誤解を招きやすい不遜な言い方かもしれませんが、少々間違えた愛し方、たとえば溺愛や盲愛であっても、愛されないよりはましだと私は思います。どうか生まれた時から抱きしめてほおずりして思い切り可愛がってあげてください。ただし甘やかさないで。それは間違わないでほしいと思います。

（「かながわ母乳の会」二〇〇一年五月講演会より）

皮膚感覚から母の愛情が伝わるよう、聰子は自分の子供たちもおんぶして、抱っこして育て上げた。さらに、子供たちが小さい頃はできる限り手作りの洋服を着せた。時間のあるときは編み物や繕い物に精を出した。一番上の子供のセーターや自分の古いセーターをほどいては染め直し、子供たちが毛糸玉をまく手伝いをして、新しいセーターを編んだ。

また、聰子は決して子供たちを甘やかさなかった。身に危険が及んだり、嘘をついたり約束を守らないなど信頼を損なうことを子供たちがしたときはきびしく叱り、ときには体罰も辞さなかった。

「小学校の一、二年生の頃、わるさをして平手打ちをくわされた。顔に手のひらのあとをつけて学校へ行ったこともありましたよ。兄弟の仲が悪いのかと聞かれたことを覚えている」

と末っ子の悟至が語れば、

「そんなことあったの？」

と温美が笑う。

「ぼくなんか、しょっちゅう階段下のお仕置き部屋に入れられた。その床板をあらかじめ外しておいて脱出したこともある」

と話す和日子は、いつのまにかいたずらっこの表情に戻っている。

だが、悟至によれば、小さいころは大変きびしくしつけられたが、中学生になってからはほとんど叱られた記憶はないという。ある年齢に達したら、聰子は子供たちを信じて任せていたので、それが逆に〝抑止力〟になっていたことがよくわかる。

「まだ小さいのだからと言って子供を叱りもしない親がいますけれど、うちの母は〝小さくてわきまえられないからしつけの必要がある〟という考え方でした」（和日子）

数ある思い出話の中で私が感心したのは、「自分のことは自分で」という大切さを幼いころから植え付けたことだ。たとえば、自転車など子供たちの小遣いでは買えないような〝大物〟が欲しくなったときは、まず自分たちの小遣いで費用の半分を貯める。するとその残りを親が負担してくれることになっていた。小遣いを貯めている間にもし気が変わったら、それはほんとうに欲しいものではなかったということを子供たちにわからせ、自分の努力で欲しいものを手にする喜びを聰子は教えたかったのだろう。なんともスマートなやり方ではないか。

忙しくも充実した日々

以下は、子供たちの夏休みの様子を記した一九五六（昭和三十一）年の聰子の日記だ。失った家族の命をつないだ新しい絆をしみじみと味わっていたことが、ほほえましい一家の様子から手にとるようにわかる。少し引用してみたい。

七月二十日

さてあしたから待望の夏休み。きょうはみんなと午後集まって家族会議をひらきました。お約束のこと日程のこと、おてつだいの受持等々。いろんな迷案がとびだしましたがおばあちゃんも含めてみんなからの提案を討議してまずお約束は

一　ご飯のときはおぎょうぎよく

二　一度でお返事

楽しく夏休みを過ごす子供たち

と決まりました。（中略）

おてつだいのうけもちは
なごみ……庭掃除
まこと……お風呂たき
かずひこ……おつかい
さとし……しんぶんとり

ということになりました、何しろかずひこのおつかいぎらいは有名で、品切れにあたろうものならベソをかきますし、お金は落とす、品物はおきわすれる……もう少し馴れてもらわなくては困ると思うからなのです。お約束の表は温美、お手伝いの表は眞人。日程表はおかあさんが作って、和日子が学校からいただいてきた励み表もいっしょに壁に貼り、さあ、これで夏休みの準備が完了、さてどこまでできますやら幕を開けてのお楽しみというところ。

夏休みは、教員の和人がたっぷりと時間がとれることもあり、子供たちにとっては毎日がわくわくの連続だった。庭のプールで水遊び、小学校の校庭で開かれる映画会、高尾山へのハイキング、キャッチボール、町内の盆踊り、工作、人形劇鑑賞など、もりだくさんのイベントを楽しんでいる様子がうかがえる。一九五〇年代の子供たちは、タブレットもゲーム機もなかった分、活動範囲が広かった。楽しかった夏休みもやがて最終日を迎え、聰子の日記も以下のように締めくくられる。

八月三十一日

明日から学校が始まります。おやつのとき「夏休みの心得」を壁からはずして一項目づつ「どう？　これはよくできたかしら？」と四人に聞いてみました。「マル」とか「サンカク」とかいうけれど、「バツ」とは絶対言わない。でもまあ、おかあさんの意見も加えて公平に点をつけたところでは、三十数項目のうち「バツ」はひとつくらい、これはお勉強のあとクレパスも筆箱もあけっぱなしで外に飛び出したりするからです。「サンカク」は四つぐらい。これは歯みがきを怠けたり、食事のあと自分の食器をさげなかったり、お部屋の後片付けをしなかったりするからです。

このくらいならまずいいこの夏休みだったといえるでしょうか。まだまだ足りないことはいっぱいありますけれど、所詮家庭教育というものは、どんなにミエをはって逆立ちしても、母親の能力以上のことはできないのですから、くやしかったら自分が勉強するより他にありません。


最後はこのように書いてある。聰子という女性は、おおまかな方針を決めれば枝葉末節は気にしないタイプとみた。それが子育てのエピソードにもよく表れている。

温美は母の思い出をこう語る。

「私たちが小さいころの母は家事や子育てでほんとうに忙しかったから、正直言って寂しい思いをずいぶんしました。でも、肝心なときには子供たちにきちっと向き合ってくれたし、困ったときは必ず助けてくれました。それはみごとだったと思います」

続けて和日子が言う。

「僕らは、中学生のころから母に〝これをしちゃだめ〟ということを言われなくなりました」

そのせいもあって、勉強よりも絵を描くことが好きだった少年は気の向くままに過ごした。小学校では遅刻の常習犯で成績も低空飛行を続けた。宿題もやっていかない。そこで担任教師は、職員室に和日子専用の机を置いて補習を受けさせたという。そんな息子に対して聰子は、「大丈夫よ、なんとかなるわよ、私たちの子なんだから」とさっぱりしたものだった。

「一番寂しかったのは潮干狩りのときね。みんなは保護者といっしょに行くんだけれど、うちの母は忙しいから来られない。バスが出発するところまで見送りに来て父兄の誰かに頼んで帰ってしまうんです。潮干狩りをする海岸ってやたらい広いでしょう、だからよけいに一人ぼっちで心細かった」

潮の引いた広い海の中で、ぽつねんと砂を掘る和日子の姿が目に浮かぶ。弟の話を聞いていた眞人が脇から言葉をつなぐ。

「中学か高校のころだったかな、女医さんをお嫁さんにしないと自分はもう決めていました。母も子も大変だからね」

「えっ？　そうだったの？　そんな早くから決めてたの？」

姉と弟たちは大笑いする。

仕事と育児の両立

聰子の一日は夫と子供たち四人の、合わせて五つの弁当を作ることから始まった。学校へ職場へと彼らを送り出すまで家事と雑用をこなしてから、十時の診察開始時間に間に合うように診察室の掃除、注射器の消毒などを済ませる。ほっと一息お茶を飲んでいると、早くも電話が続けざまに鳴り響く。主婦の顔から医師の顔へ切り替えるまもなく診察室へ移り、小児科医内科医としての時間が動き出す。家族の協力やお手伝いさんを雇うことでなんとか育児期を乗り切ったとはいえ、昔も今も育児と仕事の両立は働く女性たちにとって悩みの種である。

厚生労働省の二〇一二(平成二十四)年度の調査によると、医師全体に占める女性の割合は一九・七パーセントで医学部入学者の三十二・九パーセントを大きく下回る。診療科別にみると、女性医師が多いのは皮膚科、眼科、小児科、産婦人科の就業率は三割を超えているが、激務の手術が多い外科は一割未満だ。他の業種と同様に、出産と子育ての時期には就業率が低下し、子供から手が離れるころになると復職する医師が増えるのでまた元に戻る。しかし、途中でキャリアが中断してしまうと、現場でのリーダーになりにくく、将来部長職や院長職に就くときにも子育てのブランクは不利に働くことが多い。そうした現状を改善するために、勤務医のための保育所を病院の中に設けたり、勤務時間のフレックス制などをもっと導入すべきではないだろうか。女性医師を支援する体制はまだまだ不足している。

メディアの仕事を学生時代から続けてきた私にとって、専門分野は違っても聴子たちのような先達の努力には頭が下がる。嫁というくびきを意識しながら仕事をし、男社会の中で奮闘をしてきたからだ。聰子は子育てのために八年間を費やしたため、かなりハンディを背負っての再スタートになったが、自分に与えられたいのちをつなぐ役割を、勤務医よりは自由の利く町医者としてまっとうした。何よりも家庭を第一にしてきた女性だから、私のように「嫁」という座を放棄して仕事を続けてきた人間とは立場も考え方も違う。

次の文章は、彼女が一九七二（昭和四十七）年に「実地医家のための会」の会報に投稿した「医師と主婦との間」という文章の一部である。

（中略）女が仕事を持って思いわずらうのは仕事の面ではなくて家事という重い鎖と家族に対する負い目であってみれば、いったい、主婦とは何なのか、そこから考えてみなくてはなるまい。家事雑用のほかに妻の座、母の座はよくいわれるが、そのほかにまだ日本では（日本に限らないことかもしれないが）主婦が嫁であることの割合が大きい。人さえ得れば、雑用からのがれることは絶対不可能ではないし夫には諒解を求め、子には母親の働く後姿をということはできる。しかし主婦というものが姑から嫁へと女性を通じてその家の歴史と文化を継承して行く役目がある以上、家事雑用からだけ逃れて「主婦よさようなら」と言いきれはしまい。

これから先、私は、息子たちの未来の嫁を、かつて姑が私にしてくれたように教えることができるだろうかと思うとき、主婦に徹した姑であったが、その偉さを今にして思うのである。

（「人間の医学」No.55より）

また、二〇〇一（平成十三）年に行われたある講演会では以下のように述べている。

育児をしている間、医師の仕事と育児とは両立できたかとよく聞かれます。でもそれは両立してこなかったというのが本当だろうと思います。一人の人間が二人前の仕事を完璧にできるわけがないと私は思います。子供の小さいときには専業主婦でいたし、開業してからも診察時間をやりくりして子供優先でしたし、自分は医学の空白を埋めるために必死に勉強をしました。初めから諦めないで努力はしてみますが、それでもできないときにはもう肩肘はらずに頑張らないで、素直にごめんなさい、お世話になります、ありがとう、と感謝して、（周囲に）協力して頂いてきました。

ものを書くとか雑誌の編集とか、家でできることは別として、役職について活動するようになったのは子供たちが社会人になってからあとのことです。ちょっと余談ですけど、ちなみに「やってみないでできないというな」というのが主人の口癖で、どうも私はそれに乗せられてしまったようです。

さりげなくのろけているようにも感じられるが、やはり、夫、和人の存在は大きかったようだ。

聰子流ハウスキーピング

二十歳で学生結婚をして翌年からほぼ続けざまに四人の子供をもうけ、育児をしながら医師国家試験を受け、開業医と母親業をこなしていた聰子は、どんな毎日を送っていたのだろうか？

それが知りたくてあるとき、奥沢の中尾家に四人の遺児に集まってもらった。冒頭にも書いたように彼らはだれひとり医師の道に進まずそれぞれが個性をいかした仕事に就いた。

父親似の顔立ちにいつも笑顔を浮かべている長女の温美《なごみ》は、音楽教室で子供たちを教えていたこともあるが、現在は専業主婦である。小さい頃から年子の弟たち三人の宿題の面倒を見たり、やんちゃな彼らをまとめてきただけあって、現在も一目置かれている。彼女は仕事と育児に明け暮れる母親のそばで、甘えたい気持をおさえながら長女の役割を果たしてきた。五十歳になってから大学と大学院に進学した話を聞くにつれ、聰子ゆずりの芯の強さを感じる。

長男の眞人《まこと》は技術系の仕事を長くしてきただけあり理詰めで真面目。控えめで謙虚。細面の顔にやや大きな目元が聰子をほうふつとさせる。性格も容貌も一番聰子に似ているのではないだろうか。

次男の和日子《かずひこ》は大学卒業後、好きな絵画の道をいかしてインダストリアル・デザイナーとして活躍。リタイアしてからは千葉県で家庭菜園を夫婦で楽しんでいたが、二〇一五（平成二十七）年から元の会社に再就職した。和日子は、「母が八年のブランクを経て医師になったことを考えれば、四年のブランクなんてたいしたことはないはずだ」と自分を鼓舞したそうである。聰子の生き方から子供たちは大切なことをしっかりと学んでいる。

三男の悟至《さとし》は「男兄弟の中で一番成績が良かった」（和日子）そうで、進学校コースを歩み、現在は技術系の会社で働いている。独身を謳歌している彼はヨットやスキーが得意なスポーツマンタイプ。ふたりの兄よりもそつなく世慣れた感じを受ける。そんなところがいかにも末っ子らしい。

この日、私が通されたリビングルームには、洋風の座卓と三人掛けのソファ、壁ぎわには収納棚が置いてあり、どれもごく普通の、家具センターなどに並ぶマスプロダクツの商品にみえる。開業医といえば年収が高く、贅沢な調度品や絵画に囲まれている暮らしを想像してしまうが、そんな思い込みは中尾家に通用しない。

「うちは一般の開業医からは、ずれていたんじゃない？　すごい質素でしたもの」

温美は、結婚前に通った料理教室で習ったオムレツを家で作ったとき、思わず聰子に「卵を一人一個使ってもかまわない？」と聞いたことがあった。

「そのころの我が家では、卵を一人一個食べることがなかったんです」

と温美が苦笑する。

「そうだね、ハンバーグとかスパゲッティというような料理は小さいころほとんど知らなかったね。母親のつくる料理は地味な和食ばっかりだったから」と和日子があいづちをうつ。

「高校生の時、京都の親戚の家に泊まりに行ったら、鶏の骨付きもも肉が夕食に出てきて……。でも、食べたことがなかったのでどうしていいかわからず手が出せませんでした。そうしたら、〝なーちゃんは鶏が嫌いなのね？〟と言われてしまったんです（笑）」（温美）

中尾家と私の二丁目の実家とは一キロメートルも離れていないのに、家風の違いがこれほど食卓に影響するものかと驚いてしまう。というのも私の子供時代の食卓には、カタカナの名前のメニュー、たとえばグラタン、ハンバーグ、コロッケ、コンソメスープ、スパゲッティなどが日常的に並んだ。だから、一番懐かしい味と言えば、母が作ってくれたデミグラスソースのかかったハンバーグとかジャガイモほくほくの俵形のコロッケである。

――じゃあ、みなさんにとってのお袋の味って何ですか？

「……なんだろう、そぼろご飯かしら。甘辛く味付けした挽肉と炒り卵と紅ショウガをのせたお弁当をよく作ってくれました」（温美）

「私は、ピーマンとナスの味噌炒めとか絹さやと卵の炒めたおかずが母の味、ですね。いまでもうちの家内にもよく作ってもらっています」（眞人）

「ホタルイカの酢味噌和えとか、いんげんの胡麻和えとかもよくつくっていたね」（和日子）

「そうそう。切り干し大根とかひじきの煮物とか、ほとんどが醬油で味付けしたおかずばかりでした」（温美）

「できあいのものや店屋ものはいっさい出てこなかったね」と悟至。

温美が外食をしたのは大学生になってからだった。昭和三十年代、四十年代にいまのようなレトルト食品が普及していたとしても、聰子は決して手を出さなかったと四人は口を揃える。

――和食が多かったのは、昔気質のお義母さんと同居をしていたせいですか？

「それもあるかもしれませんが、母自身が質素な生活をしていたからだと思うんです。〝うちは教育貧乏だった〟とよく言っていましたからね」と温美が言う。

――家族の栄養を考えて和食にしていた、ということはないのですか？

「栄養のことを言うなら押し麦入りのご飯です。ビタミンの補給になると言って、お弁当まで麦入りご飯なんですから。白いご飯をもってくるクラスメイトの前でお弁当を広げるのが、ちょっと嫌でしたね」（温美）

麦入りのご飯をお弁当にしたり、煮干しや胡麻をすり鉢ですって自家製のふりかけを作った話を聞くと、さすがに医師の視点を感じる。見た目は質素でも栄養重視。これが聰子流だったのだろう。

四人の話を聞いていた和日子の妻の優子が、面白いことを言った。

「お義母さんの料理はおおざっぱでしたよ。お鍋の中で材料をハサミで切っちゃう（笑）。なんていうか、やることすべて無駄がなくて合理的なんですよ」

いちいち包丁とまな板を用意するより、鍋の中で材料を始末してしまえば確かに簡単。洗い物が減る。なるほど効率的だ。

小さいころの思い出と密接につながっているせいか、四人は楽しそうに食べ物の話をしてくれた。

「料理はよくやっていたけれど、掃除はあまりしていなかったね」

と和日子があかすように、開業してからは「ほこりをためたって死ぬことはない」と、正々堂々手を抜いていたらしい。小さいときに粉じんなどが原因で喘息に苦しんだ聰子なのに、ずいぶん逞しくなったものである。

忙しい聰子を少しでも楽にさせようと、和人は家事を効率化する電化製品の購入を躊躇しなかった。新しい家電商品が出ると、すぐにパンフレットを取り寄せて検討した。一九五三（昭和二十八）年には洗濯機を購入、つづいて冷蔵庫も注文した。ついでに言うと、パソコンは一九八〇年代の半ばごろから導入し、携帯電話もかなり早い時期に使い始めた。買い物は御用聞きと行商人を利用して外出時間を節約し、家事は夫の協力を仰ぐ。子供たちの自主性を重んじる。小さなことは気にしない、これが聰子の家事と育児の流儀であった。

長女が九歳、末っ子が四歳になったころから住み込みのお手伝いさんを頼むようになった。

「確か私が小学校三年生のときからだと思います。その後は看護学校の学生さんが住み込みで手伝ってくれたり、家政婦紹介所から人が来たりしていました」（温美）

一九八三年ごろからは温美が週に一回実家に来て手伝うようになり、眞人や和日子が結婚してからは妻たちが義母の手伝いにやって来た。

「母は、私や義妹やいとこやいろいろな人を雇うことで、実は援助をしてくれていたのだと思います」

と温美は語る。

夫の存在感

聰子が町医者の仕事をまっとうできたのは、ひとえに夫の存在が大きかった。女性が子供を育てながら仕事を続けていくためには（結婚をする、しないにかかわらず）、パートナーの男性の協力と理解が不可欠だ。どんなに才能ややる気があっても女性が孤軍奮闘しているようでは両立しない。その点、聰子は結婚相手に恵まれた。大空襲（一九四五年）の惨禍が聰子の医師の原点であることを理解していた夫の和人は、かげひなたから彼女を支えた。彼が子育てにごく自然に参加してくれたからこそ、聰子は子供の面倒をみながらインターン時代を乗り切れたのだと思う。

聰子を支え、子供たちが大人になっても忘れられぬ思い出を数多く与えた中尾和人は、どんな人物だったのだろうか？

写真を見ると、すこしえらが張った顔の輪郭や穏やかな目元は、温美、和日子、悟至にひきつがれているように思う。生まれは一九一五（大正四）年八月七日。中尾家もまた武士の家系に連なるのだが、父方、母方ともに新潟県の出身である。父方の祖父は御典医として明治維新を迎え、その後は新潟県で医師を続けた。和人は五人の兄弟姉妹の次男坊で、彼を軍人にしたがっていた父親の猛反対を押し切って、武蔵野音楽学校の声楽科を卒業し、研究科（大学院）へ進んだ。

和人とその父母と聰子、温美（１歳）

音楽学校を卒業すると、埼玉県大宮市の女学校と尋常小学校に音楽教師として就職。児童の合唱指導を熱心に行った。だが、きなくさい時代へ日本が突入すると、和人にも赤紙が届き、新潟県新発田市の連隊へ入隊した。その後すぐに満州の牡丹江へと出征したが思わぬケガから心臓を病み、内地へ送り返されて新発田の陸軍病院と大阪の民間病院で一年半の療養生活を送った。病状はおさまったものの、和人は現役免除となり除隊して自宅へ戻り、法政大学付属中学校の教師と武蔵野音楽学校の講師となった。父親の秀平は「軍人にしなくてよかった」とつぶやいていたという。

和人は教鞭をとるほかに、北区十条の自宅で数人の生徒に個人指導をしていた。その中のひとりに聰子の妹で、武蔵野音楽学校への入学を目指していた國谷美意子がいた。一九四五（昭和二十）

年の東京大空襲によって愛弟子の美意子を失い、その五ヶ月後に姉の聰子と結婚。戦後の人生をともに歩んできたことはすでに記したとおりである。

昭和三十年代、和人は法政大学文学部の講師にもなり、多忙だったにもかかわらず、幼い子供たちの相手を実によくつとめた。

彼らを入浴させるのも和人の役割だった。湯船に入ってあぐらをかくと、その両膝に和日子と悟至が座り、その前の方のスペースに温美と眞人がしゃがんで温まる、これが親子五人で湯船に入って温まるときの定位置だった。

「父はお風呂に入ると手を水鉄砲の形に組んで、お湯をぴゅっぴゅっと飛ばして遊んでくれました」(温美)

休みの日になると、子供たちを連れてあちこちに出かけたり、さまざまなおもちゃを作ったり、ときにはおやつを手作りして子供たちを喜ばせた。そんな父親に子供たちもよくなつき、母親不在の寂しさを感じることなく育ったのである。

「父はとにかく器用で大工仕事がうまかったんですよ。庭にプールまで造ってくれたほどですから」(眞人)

この手作りプールの大きさは縦が百八十センチ、横が二百七十センチ、深さが六十七センチほど。プールの底の部分は、古い物置の床になっていたコンクリートを使い、その周囲に日曜大工で使う木材を活用して外ワクをつくり、セメントと砂と石をこねて固めた。材料費は約三千円（註・現在の貨幣価値では三万円ほどか）。日曜ごとに作業をして一ヶ月ほどで完成させた。近所でも評判になり新聞にも紹介されたほど上出来のプールだった。

　プールは苦肉の策だった。夏休みくらいはと家族揃ってしばしば出かけるのだが、そのたびに誰かが迷子になったり子供たちのコントロールでひと苦労する。そこで気苦労の多い旅行よりは庭でゆっくり水遊びができるプールを造ろう、ということになった。

和人がつくったプールは 1955（昭和 30）年
7 月の朝日新聞にも取り上げられた

　木漏れ日に光る水をたたいて遊ぶ子供たちを見ながら、聰子は大きな充足感を味わっていたことだろう。

「プール遊びはお昼寝をしてからだったね。子供四人でキャーキャーわーわー、大騒ぎして入っていると、家の前を通る人や近所の人がのぞいていきましたよ。楽しかったなあ」（和日子）

　プールだけでなく、庭に東屋《あずまや》も建てた。そこはかっこうのピクニック場所となり、子供たちは休日にお弁当を広げて遠足気分を楽しんだ。また、あるときは和人が運転する自家用車に子供たちを乗せて海や山へ行ったり、自分の勤める学校の文化祭へ連れていったりした。こうした楽しいひとコマを和人はカメラでたくさん撮影し、子供たちに貴重な思い出を残してくれた。

「父は週に二回自宅でレッスンをしていたので、ピアノの音やお弟子さんの歌う声が聞こえてきました。面倒見のよい人だったので、学生さんからも慕われて、よく人の集まる家庭でした」（温美）

現在も中尾家に置いてあるグランドピアノは、和人が愛用していた思い出の品である。

一九八七（昭和六十二）年に和人が亡くなると、一年後に実弟の中尾秀也が追悼集『音跡』をまとめた。その中で、和人の人となりを次のように記している。

私から見ると和人兄は全くの純粋人間であった。酒も飲まないしたばこも吸わない。考えることと行うことが非常に純粋なのであった。（中略）純粋な兄は人を陥れるような策略はできず、人を恨むようなこともしなかった。その兄が戦後食うために闇屋のまね事をしたことはさぞ心の中に苦しみを感じながらやっていたのであろう。その当時に兄を思い出すにつけていつも感ずることである。

（『音跡』中尾和人追悼集より）

中尾家で見せてもらった和人の遺品の中に、亡き美意子の写真が何枚もあった。和人は、聴子に亡き美意子を無意識に重ね合わせながら、三人で温かな家庭をつくったのかもしれない。

第六章　患者の側に立った医療

患者の心のふるさとに

一九八七（昭和六十二）年に夫の和人（享年七十二）が闘病の末に亡くなった。亡き妹の美意子の導きで結ばれたともいえる和人との結婚生活は、四十二年に及んだ。

和人の姪にあたる加賀美和は、葬儀の様子を鮮明に覚えているという。告別式の後、斎場から聰子をはじめ親族が自宅へ戻って来たとき、和人の骨箱を持ってさっさと家の中に入ってしまった葬儀社のスタッフに、聰子が「お骨は私が連れて帰りますから返して下さい」と強い口調で言い、自分の胸にしっかかと抱いて玄関を入り直した。美和はそのとき、聰子の和人に対する愛情の深さを垣間見た思いがして強く心をうたれたそうだ。

夫の葬儀や供養一切が済むと、まるで車のギアをトップに入れ替えたように聰子は仕事に没頭するようになる。手狭だった診察室を建て直し、前にも増して忙しい毎日を送るようになった。

「先生のタフさにはついていけませんでした。学会や講演のため地方へお出かけになっても、帰ったとたんに診察を始められる。予防注射や三歳児検診や校医としてのお仕事もいっぱい。そのうえ、時間外でも往診に出かけられました。そのため、症状の重い患者がいるときはいつ電話が鳴ってもよいように、寝間着に着替えずお休みになっていると伺いました」

こう話すのは、医療事務と受付を一九七九（昭和五十四）年から二〇一二（平成二十四）年の閉院まで三十三年にわたって担当していた山田ヤス子である。銀髪のショートヘアにメガネをかけた彼女は、話し方もさばさばしていて学生のような雰囲気がある。

仕事を始めたきっかけは「家から近かったし、昼間だけというお話だったから」。気軽に応募したところ「すぐに来てください」と言われてその場で話が決まった。

「先生と私はウマがあったんでしょう。お叱りを受けることもありませんでした。根がさっぱりした方ですからね」

山田は月、火、水、金の午後と土曜日の午前中を受け持ち、カルテの整理、保険点数計算、聰子の監督の下の薬の処方などが主な仕事だった。

「なんでもよく気がついてよくなさる方でした。何を話しても一回ですっと頭に入ってしまう。私なんかと頭の構造が全然違うんです（笑）」

山田がいつも感心していたのは、午後の診察時間に患者がとぎれると、さっと母屋に戻って夕食の支度を手早くしたり家事もうまくこなしていたこと。診察後もテレビを見ながら、野菜の皮むきやインゲンのすじとりをよくしていたと子供たちも証言している。

聰子は遠くから受診に来るダウン症児や脳性マヒの患者に大変優しく接していたことも、山田の記憶にはっきりと残っている。常に弱者に寄り添い悲しみをわかちあう医者であることを心がけていた聰子は、障害児や心臓病児に対してとりわけ愛情深く接していた。

その一方、二度目にやってきた患者が前回からの経過報告を怠ると「医者は治療後のことも心配なんですから、ちゃんと報告してちょうだい」と注意をする。約束の時間に連絡もなく遅れたりすると、遠慮せずに叱りつけた。患者が聰子の下した診察以外の別の意見を求めてくると、信念が強いあまりか自分の考えに固執する一面もみせた。これらのエピソードは、患者たちが話す「優しい面と厳しい面」をよく表している。

長年の患者のひとり川上淳子は、以下のようなエピソードを披露してくれた。

中尾聰子と出会ったのは、実姉に先天性の心臓病があったため、心臓疾患に詳しい開業医を虎の門病院から紹介してもらったことが始まりだった。その姉が亡くなったあとは、夫と自分の主治医になってもらっていたが、あるとき夫が足にできものを見つけ、慶応病院で精密検査をうけたところ肺ガンが転移したものだとわかった。病院から余命三ヶ月と宣告された夫は、毎日風呂に入って晩酌をしたいからと在宅医療を希望した。それを聞いた聰子は、亡くなるまでの一年間、看護をいっさい引き受けた。

「ガンだと気づかなかったのは自分の誤診だから責任がある、とおっしゃって、亡くなるまでせっせと通ってくださいました。夜中でもいつでも来てくださいました。先生はご自分がこうと思ったことは譲らない性分なんですから。主人も頑固でしたが、ふたりとも戦争に鍛えられた頑固さがあるのね。いい勝負でしたよ」

淳子はなつかしそうにつけ加えた。

「時間外往診に来てくださったときも、タクシー代を受け取っていただけませんでした。〝よけいなことをしないで頂戴！〟といつも叱られました」

淳子は最後にしみじみという。

「ほんとうによいお医者様で、他人とは思えませんでした。私よりお若かったのに人生を教えていただきました」

川上の場合とは反対に、ガンが早期発見され命拾いをした野田俊明は、日頃から聰子が身体全体を診てくれていたことが幸いしたと話す。

「先生の場合は一分診療ではなくて一時間診療でした。専門外のことになると、すぐに専門医をご紹介くださいました、お顔の広い方でしたから」

そのあとで彼はこう言った。

「先生が亡くなってほんとうに困っています。ああいう方はなかなかおられません。いまの時代は専門ごとにお医者さんが分かれてしまって、どこへ行ったらよいのかさっぱりわかりません。時代が変わったのでしょうか」

聰子は生前、町医者の務めについてこんなふうにある雑誌に寄稿している。

患者の臨終に立ち合ったときは、家族が許して下されればなるべく死後処置をしてお線香をあげて帰ります。さっぱりと拭き清めて着替えさせ、左前に合わせた着物にひもを縦結びにし、お顔に白布をかけて。それは別に医師がしなくともいいことだ。病気を治すのが医師なのだ、そんな声がどこからか聞えて来ます。でも私には病気を治すというのが不遜に思えてならないのです。（中略）おそらく人間すべて、まして女性は死後までもやはり美しくありたいのです。末期の女性の患者が「Ｋ先生なんか大嫌い。Ｋ先生なんか診てほしくない」と男の先生に向って叫んだ気持ちが私にはよく分ります。だからこそ生前、きれいなホトケ様にしてくださいね、と頼まれればやはり約束せずにはいられないのです。

自分の学問の浅さにあいそをつかして、とかく医師をやめたくなる私ですが、一人ぐらいこんな医師があってもいいとこのごろ思い始めています。

（「人間の医学」No.59より）

この言葉から私は、医師と患者という関係性を超えて、人間の尊厳の領域に手をさしのべる聰子の真心を見る思いがする。人を失うことの悲しみを知っているからこそ、看取りについても心を寄り添わせることができたのだろう。

長年の患者のひとりが、小児科内科中尾医院の存在を自分にとって〝心のふるさと〟だったと表現していることは、聴子にとって最大の賛辞のように思われる。

母乳運動の推進

いまでこそ、若い母親たちの間で母乳育児は広まり、デパートや公共の施設にも授乳室が設けられるようになった。しかし、戦後は文化や食べ物やライフスタイル同様に、なんでもアメリカのものが優れているという観点から従来の母乳が低く評価されがちだった。

言うまでもなく、母乳は新生児にとって完全な栄養食であるばかりか、母親から抗体が母乳をとおして伝わるために多くの病気を防いでくれる。そのうえ母乳を与えることで、生まれたての赤ん坊は母親のぬくもり、匂いを感知して、安心感や幸せを脳に植えつけていく。しかし、戦後は粉ミルクのほうが栄養学的にもすぐれているような印象が広まったうえに、女性たちが母乳育児を原始的で劣ったやりかたのようにとらえてしまっていた。

「産めよ増やせよ」といったキャンペーンが席巻していた戦中とはがらりと変わり、少なく産んだ子供を大切に育てるという考え方に大きく変わったのも遠因のひとつだった。出産は、母子の安全を第一に考えるようになったため町の産婆さんの手から離れ、管理された病院で出産を望む女性が増えた。病院では感染症予防の観点から母子別室や人工乳が奨励されて、この風潮はあっというまに日本全国に広まった。こうした変化の裏にはＧＨＱ（連合国最高司令官総司令部）が指導的役割を果たした助産制度の改革があると言われている。

家庭から病院へと出産の場が移ったことで、たしかに新生児の死亡率は劇的に下がったが、女性の身体も新生児もすべて病院の管理システムに組み入れられて、昔ながらの母乳育児は敬遠されるようになっていった。

そうした動きに反して、一九七〇（昭和四十五）年に国立岡山病院が病院での人工乳の撤廃を宣言。母乳育児の優秀性を見直す大きな機運となった。母乳運動の推進者で岡山病院小児科の山内逸郎博士は、「ヒトの赤ちゃんにウシの乳を与えることがよいはずない、母乳育児はほ乳類として当然の行為である」と現場の医師や看護師を説得し、一九八四年からは産後の母子同室制もいちはやく取り入れることにした。

だが、他県の病院がすべて彼らの方針に賛同をしめしたわけではない。だいたいどの病院でも、母子同室制は新生児の感染や窒息の恐れがある、看護師の負担が増える、という理由から、アメリカ式の別室制をそのまま続けていた。母乳育児を進めるには地域の産科医、小児科医、助産婦、保健婦、看護師などが連携をとって、母親たちを指導するネットワークを作らないとうまくいかない。ぬくもりのある育児を提唱し、母親たちに母乳の大切さを教えたのは、地域に密着した開業医たちだった。

開業医を訪れる若い母親たちはおっぱいの悩みをかかえている。一番多いのが母乳の不足感である。昔のように家庭内で育児の先輩にあたる母親や義母や祖母からのアドバイスを受ける機会が減ったため、常に不安感がつきまとってしまうようだ。

なぜ、母乳が充分に出ないのかといえば、初産の年齢があがるばかりという現実がある。厚生労働省の人口動態統計によると、日本女性の初産年齢は過去最高の三十・四歳に上昇している（二〇一三〈平成二十五〉年度）。このほか、母乳が出ない原因は、現代の女性たちが小学生のころから過度なダイエットを始めるため、妊娠、出産、授乳の時期になると、トラブルが続出してしまう。

初産女性が退院するときの母乳率を、日本赤十字社医療センターが二〇〇八年から二〇一〇年までの二年間調べたところによると、二十四歳以下の母親の場合は九十四パーセントにのぼるが、三十五歳を過ぎると七十パーセント台に落ち、四十五歳以上になると五十パーセントになってしまう。もちろん個人差もあるだろうが、初産婦が高齢化すると基礎体力が落ちてくるので、一般的に母乳は出にくくなってしまう。

聴子のもとには、母乳育児に悩む若い母親がどれだけ来院しただろうか。自身も四人の子供を母乳で育てた彼女は、母親たちの悩みをしっかりと受け止め、食生活から精神面までを懇切丁寧にアドバイスした。そのほか、「日本母乳の会」の講演も引き受け、母乳推進に大いに貢献した聰子。彼女にとって戦争で失った命をつなぐ意味でも、命のつながりを母と子に実感させる意味でも大切な活動であった。

家族ぐるみで世話になったという元患者のひとり大木弘子は、ふたりの子供が無事に育ったのも聰子の適切な指導があったからこそと話す。新米ママだった彼女に聰子は母乳育児をすすめ、応援した。

「先生は、母乳を飲ませたほうがアトピーの心配がないのよ、と励ましてくださいました。おかげで長男、次男を母乳で育てることができました」

こう話す大木は、すぐに熱を出すため夜泣きがひどく、母乳を思うように飲んでくれない長男をかかえて途方にくれる日々もあったと回想する。

「先生は優しいだけでなく、ときには厳しく指導をしてくださいます。どうしてよいかわからずにお尋ねすると、熱を下げることだけを考えてはだめ、ゆっくりと様子をみましょうねと諭してくださる、そうすると気持が落ち着くのです。同情ではなくて、こちらの悩みを共有してくださるって感じでした」

子供たちが中尾医院で世話になった何人もの母親にインタビューをして印象的だったのは、聴子の幼い命を守る使命感の強さと幼い患者たちへの厳しくも優しい接し方だった。彼女は医者の分際を超えて、ときに若い母親代わりにしつけまでほどこしたし、子供たちが進学するたびに家族のようにその成長を喜んだ。

心臓病児に寄り添う

小児科専門の開業医として働いていた聴子のもとには、体重が順調に増えないとか、呼吸がふつうより速いとか、顔や手足が紫色のチアノーゼ状態になったとか、めまいや動悸があるといって、心配げな母親が乳幼児を連れてやってくる。ごくまれに、そうした乳児に先天性の心臓疾患が見つかることがあったため（註・心臓障害児は、千人に対して三～八人程度で発症が認められるというデータがある）、聴子は一九六三（昭和三十八）年から、心音図学を森杉昌彦医師について新たに学び始めた。自分自身、心臓が弱かったことも研究を始めるきっかけになったろうが、心臓病を持つ子供たちの力にもっとなりたいという願いが大きなモチベーションだった。

子供たちの胸に聴診器をあてるとき、心音に耳を澄まして少しでも異常を見つけることができれば、早めに専門医と連携ができる。聴子は、診察や研修のあらゆる機会をとらえて各所で心音を聞かせてもらい、それを心音図と照らし合わせる作業を続けた。自分が所属する玉川医師会の有志による循環器グループの勉強会に参加したり、近くの総合病院の専門医に師事して心電図学を学んだりもした。また「全国心臓病の子どもを守る会」に参加したり、心音研究会の活動にも加わった。いまでこそ、医療検査機械の分野でも高度なＩＴ化が進んで聴診器での心音測定は二次的なものになってしまっているが、聰子は心音の聴診を極め、その手腕は地元の医師会や「実地医家のための会」でも高く評価された。

東京都渋谷区代々木に「こぐま園」という施設がある。心臓病児に対する理解を深め、地域や専門医と協力して支援することをかかげて活動をしてきた。一九七三（昭和四十八）年に、先天性心臓病を持つ二組の親子が活動を始めるまでは、先天性心臓病の子供たちは保育園にも幼稚園にも入れてもらえず、健康な子供たちのように充実した時を過ごすことが難しかった。母親たちは心臓病児への間違った考えを正したいと役所に何度も足を運ぶが、なかなからちがあかない。そんなとき偶然ベテラン保育士らと出会い、区民会館を借りて七名の子供を預かったのが「こぐま園」のスタートだった。

乳幼児の心音に関心の深かった聰子は、あるとき「全国心臓病の子供を守る会」から「こぐま園」を紹介され、すぐに会の顧問医を引き受けた。

「初めてお目にかかったとき、この方なら信頼できると思ってお願いしました。病状のことだけでなく、日頃の生活の注意点や悩みなど、病児をもつ母親の話をよく聞いてくださり、あらゆることの相談にのっていただきました。先生との出会いは一生忘れません」

このように話してくれた田中千賀子は創立メンバーのひとりで現在も園の代表を務めている。彼女自身、先天性心臓病児の次男を九歳で亡くしている。そうした体験を原点にした活動によって心臓病児支援の輪は確実に広がり、立川市の「こじか園」、台東区の「こばと園」が「こぐま園」に続いて設立された。

聰子は自分の医院でも、積極的に先天性心疾患児を診察した。心臓に雑音があるというだけで、健康児と変わらないのに学校で運動が制限されてしまう現状をいましめ、むしろ見過ごされているのは、リューマチ熱によっておきる心筋炎だ、症状のでないリューマチ熱には学校側も気をつけてほしいと説いている。

以下に紹介する記事は、活動を始めてまもない「こぐま園」を支援する目的で、一九七四（昭和四十九）年に聰子が書いたものの抜粋である。


身体障害の中で心臓病ほど誤って認識され、周囲からこわごわ取り扱われている病気はないのではなかろうか。先天性心臓病には種類が多く、またごく軽症から重症まで程度もいろいろ。ところが一様にガラス細工のようにこわれやすく危険なものに思われているから、軽い心室中隔欠損症などは運動も妊娠も出産も健康人と変わりなくできるといえば大抵の人が驚く。ただこれは心臓雑音だけははっきりしているため入学から就職、結婚まですべてに差別をつけられてしまう。軽症でなくとも、検査を受けて病名と重症度が決定され、治療や健康管理が行き届いている先天性心臓病は決して世間で考えられているほど急変するものではない。

ところが、重症児はむろんのこと、軽症でほとんど保育に支障ない者まで、いざ心臓病児が入園するとなるとどんなに説明しても大抵の保育施設の壁は固く厚い。「あれほど行きたがる幼稚園ならたとえその庭で倒れても本望」と母親は思いつめるが、受け入れ側からは丁重に断られるのが普通で、もし許されたとしても「通園に耐えられる」という専門医の診断書と、「万一の事故の場合、全責任は親が負う」との誓約書を出してようやくということが多い。もちろん理解ある園に受け入れられる幸せな子もいるが、今年も何人かの患者たちがこうしてとり残された。

幸いなことに身体の障害の中でも心臓病は外科の発達によって手術の可能な、治り得る病気になって来ている。手術を受けて治った子がまず第一に困るのはそれまで社会的訓練を受けていなかったことだ。集団生活を経験させず、身体障害の上に情緒障害まで加えてはならないのはもちろんだが、これは単に個人の問題ではなく、社会性の発達する幼児期にこうした訓練をしなかった場合、考えられるのはあとになって社会という共同体が背負うべき荷物がふえるのではないかということだ。
だから、身障児も本来なら健康児と共に保育されるのが望ましいが、多くは困難があることは想像に難くない。それならせめてとり残された子どもたちのための保育施設は作れないものなのか。それを待ちきれずに自力で始めた母親たちの保育施設が、遅ればせながら公の通所訓練施設として認められたのは明るいニュースだが、それは数少ないどころか初めてのこと。今、私はくやしさにしゃくりあげる子を前にして「こんな美しい季節だからこそ、重症だからこそ元気なうちに、遠足や、水遊びや、みんなと遊んだ楽しい思い出を残してやりたい」という母親の言葉にただ黙って耳を傾ける。

（昭和四十九年四月二十九日付　朝日新聞）

この記事にあるように、聰子は常に、子供たちの生命力を信頼し、親には自信を持ってもらい、病児でも社会の一員であることを忘れないで、と社会に訴えた。心臓病児の支援を精力的に続けた彼女にとって、幼い患者が無事に成長して十五歳を迎えたときに、「さあ、これからは小児科ではなく内科に行ってちょうだいね」とはとても言えなかった。

内科もさらに勉強をして内科の患者を積極的に診るようにしたのは、長いつきあいの患者たちへの心遣いでもあった。生まれた時から成人になるまでを見届ける、それこそが一生を通じた真の医療になると、聰子は地元の小児科医師会にも提言している。見届け医療を実践した聰子のもとへは「こぐま園」の卒園生のほか、幼いときに心臓病と診断されたが無事に大学生や社会人となり、母親となった子供たちが通ってきたのである。

医院はよろず相談所

「小児科内科中尾医院」に、親も本人も子も孫も四代にわたって世話になったという患者が少なくない。彼らが院長について語る思い出は、以下のような言葉に集約される。

「命の大切さをことあるごとに話しておられた」
「地域医療に一生をかけた方だった」
「厳しくも優しい態度で、いつも患者のことを気にかけておられた」
「育児の悩みなど、病気以外のことでも助けられた」
「年末年始でもいつでも、電話一本で往診に来てくださった」

「妊娠中に風疹にかかって中絶の相談に行ったら、こんこんと諭された」

「一度診ていただいただけの孫を、ずーっと気にしてくださった」

「診察後の経過を報告しないと、厳しく叱られた」

「どんな話でも親身に聞いてくださった」

「完璧主義者だった」

「お薬は院内処方だった。しかも、必要最低限のお薬しか渡さなかった」

「大きな病院へ紹介くださるときは、経過説明書や処方薬までていねいに申し送ってくれた」

「怖い先生だという噂があった。医療に関しては厳しい態度だったが、そのほかは優しい先生だった」

「ご自分の意見に固執をして、セカンドオピニオンを受け入れてもらえなかった」

「怖い先生だったので、いつも緊張してしまう」


このように、おおむね「優しくも厳しいお医者様」という評判に異論はないようである。なじみの患者にとって中尾聰子という医師は、厳しい反面、心を開いて何でも話ができるこのうえない〝相談者〟であったのだろう。

ふた昔くらい前までは、キャリアを積んだ人生経験も豊富な開業医がそこかしこにいたような気がする。お年寄りの世間話の相手をしながらしっかり診察もし、往診にも気軽に応じてくれるようなお医者さん。お昼どきが近づくと、待合室には消毒薬の臭いにまじって奥の台所から料理の匂いが漂ってきたりするような……そんな生活感が、患者の心に安心感をもたらしたものだ。

聰子が、自分の医院を「よろず相談所」と呼んでいたのにはわけがある。

小児科ともなれば、急な発熱と突発的な事故が起きてとびこんでくる患者たちがほとんどだ。若い両親は、昔と違ってほとんどが親と別居している場合が多い。そこで治療だけでなく、再発防止のための注意などこまごまとしたアドバイスが必要になる。

学齢期となった子供を持つ親たちからは、心療内科に近い相談が寄せられる。学校嫌いが治らない、お友達がうまくつくれないなどなど。さらには心身障害児のための訓練施設や養護施設の紹介も頼まれる。そのたびに、どこそこの病院のなになに科へ行くようにとか、この先生に診ていただきなさいと、紹介状を書いて案内をしなければならない。「家庭医は交通整理みたいなもの」と聰子は自分の仕事をこうも表現していたが、老人介護や難病の医療費の相談を引き受けたり、適切な介護施設を紹介したり、医療費控除の申告のやりかたを伝授したりと、多岐におよぶ要求を臨機応変に処理する能力は、交差点の真ん中で渋滞を起こさぬよう指示を出す交通警官の姿と確かに重なる。そのほか、聰子が四人の母親だと知ってか、進学や縁談、見合いなど、およそ医療とは関係のない相談まで持ち込まれた。

こうしたよろず相談所的な役割こそが、「患者の描く開業医の姿であろう」と、聰子は考えていた。つまり、開業医は幅広い知識と豊かな人格をもっていないと務まらない。

「その知識も、社会福祉、心理学、薬科学、栄養学、教育学、医学周辺のあらゆる分野にわたってである。しかもそのほとんどは現在の大学の医学教育では解決しそうもないことだ」と聰子は、業界誌『メディカルダイジェスト』に一文をよせている。彼女が指摘するとおり、現在の医科大学ではこうした総合的な観点から医師を育てるようなカリキュラムは用意されていない。

「実地医家のための会」

町医者としての師でありり同志でもあった永井友二郎に、一度話を聞きたいと思った。

彼は一九六三（昭和三十八）年に、有志とともに「実地医家のための会」を発足させた。「病人を社会生活をしている人間として診ていくための、総合的な人間の医学を建設しよう」。これが会の目標だった。全国の開業医から多くの支持が寄せられ、また日本医師会や日本医事新報社からも協力を得て、千名を超す会員が集まった。高度に細分化され、専門化された現代の先端医学と患者との谷間を埋める役割を担うという開業医の理想を求めて、活動は始まった。

「実地医家のための会」例会後の懇親会で、永井医師（中央）と

会のメンバーが熱心に活動を行ったおかげで、当時の厚生省にもその倫理性が高く評価され、会はさらに議論と研究を深めて一九七八（昭和五十三）年に「日本プライマリ・ケア学会」を設立。一九八五年には、永井らの尽力により日本医師会が生涯教育制度を発足させた。永井たちの理念は医学界の一翼を担うまでになっている。

聰子は、「実地医家のための会」が創立された一年後に入会し、二〇〇三（平成十五）年十月に退会するまで熱心に活動に参加した。同じ開業医として、「先端医学の進歩だけを追うのではなく、人間のもつ自然治癒力を大切に考え、同時に病人の人間というものを考える。そういう良い医療を基本とすべきである」という永井の信念に共感し、自身もそう心がけてきた聰子。ふたりは互いに町医者として多くの苦労をともにしてきたはずだ。

二〇一四年の年末に、長男の眞人とともに私はJR中央線の三鷹駅からタクシーに乗って下連雀《しもれんじゃく》の永井の自宅に向かった。彼は五年ほど前にリタイアしているが、古い木造建築の医院と看板はいまもそのまま残っていた。玄関のドアを開けると、医院時代は待合室と診察の受付に使っていた板の間が広がる。受付窓口の脇には患者を気遣った言葉が貼ったままになっていた。

「当院では十分納得のいく医療をしていくためどんなことでも遠慮なさらずゆっくりお尋ね下さい」

雑談療法と名乗ったほど患者とのコミュニケーションと言葉を大切にした永井の真骨頂を見る思いがする。

磨き込まれた板張りの廊下の奥から老医師が現れた。九十七歳になったいまも自宅で一人暮らしをしているという。

「さ、どうぞこちらへ」

通された応接間は八畳ほどの広さで、部屋の真ん中に使い込まれたソファとテーブルが置いてある。彼はしっ

「実地医家のための会」にて心臓病の診療所感を述べる聰子。1966 年

かりした所作でお茶を淹れてもてなしてくれた。ミカンと、茶菓子の「五家宝」がテーブルに置いてある。

「私はこんなものが若いころから好きなんですよ」

一世紀近く人生を歩んできた余裕から生まれる笑みが、達観した高僧のような印象を受ける。お茶をいただいたところで、まず「実地医家」というあまり耳慣れぬ言葉の意味から伺うことにした。

——開業医でもなく町医者でもなく、「実地医家」と命名したのには何か理由があったのでしょうか？

「これは私たちの会の発足を大変喜んでくれた、日本医事新報の梅澤彦太郎社長から、この会の名称として提案されたものなのです。これからの新しい町医者の医学、医療を表現するのに適切だと思ったのです」

永井の妻の祖母が、江戸時代の蘭学者で『蘭学事始』の著者でもあった杉田玄白（一七三三〜一八一七）の曾孫にあたることもあってか、町医者に寄せる思いは熱い。

「そもそも日本の近代医療は、明治政府が西洋医学を取り入れて大学やその付属病院が拠点になって、裾野を広げてきたのです。戦後になってさらに専門化が進むと、ますます大病院や学会に権威が集まってしまった。日本には素晴らしい町医者の伝統と歴史があったのに、残念なことです」

戦後は特に大病院主導の医療システムにとって代わり、一九五〇年代の日本には開業医が抱える医療の問題を話しあうような研究会はなく、ましてや開業医のための学会も存在しなかった。だから、ひとりのベテラン医師が亡くなるたびに、蓄積されていた医療情報は失われてしまうことが繰り返されていた。

「医学の急速な進歩で専門化、細分化が進みますとね、多くの医師たちは病人（患者）よりも病気に対処する先端知識や技術に強い関心をもつようになっていくのです。その結果、医師と病人との対話が少なくなってしまったのはゆゆしき問題ですね」

患者たちが大病院へ出かけても、待ち時間ばかり長く医者とはほとんど話もできず、大きな疎外感をもって帰途につく。患者を取り囲むこうした状況を憂慮したことが「実地医家のための会」の設立につながったそうだ。

永井友二郎は診療の現場を離れたとはいえ、若い医学生や次世代を担う医学界の人材に著書や論文や講演をとおして、人間中心の医学をいまもなお説いている。

「病人は、ひとりひとり異なった生い立ちと生活と考え方をもっています。かけがえのない病人を相手にするのがわれわれであり、このことは病院の医師であろうと開業の医師であろうと変わりない。極めて大切なことなんですよ」

昨今、薬の過剰投与や健康診断に対する疑問の声が噴出している。心ある医療とは何だろう？と誰もが考えるようになったのは、皮肉なことに科学が進歩したおかげで次々に新薬が生まれ医療技術が高度化した結果、とも言える。だからこそ、永井の言葉が心に染み入ってくる。

悲しみを知る医者

永井友二郎もまた、人間の悲しみを知っている医者だ。聰子よりも七歳年上の一九一八（大正七）年生まれで、第一章ですでに書いたように、一九三一（昭和十六）年に千葉医科大学を卒業し、すぐに海軍軍医として太平洋戦争に従軍。一九四二年から二年間、海軍軍医としてミッドウェー海戦やソロモン海戦、ガダルカナル島撤収作戦、マキン・タラワ玉砕戦などに参戦。死の恐怖と向かい合いながら日々を送った。その後、トラック島で乗艦していた潜水母艦『平安丸』が、一九四四年二月に米軍の空襲を受け沈没、自らも重傷を負う。

私はこのボートに引きあげられると間もなく、急にあたりが暗くなって、気が遠くなりはじめた。私はそのとき、「これで死ぬかも知れない」と思ったまま、意識を失った。痛いとも苦しいとも思わず、意識を失った。ボートはトラック島の基地の桟橋につき、私は兵隊たちに抱えられ、潜水艦基地隊医務室にかつぎこまれ、ここでようやく意識をとり戻した。私はこのあと、トラック島の海軍病院に入院させられたが、退院後も一ヶ月以上、顔をなでるとつぎつぎガラス片が出てくる状態が続いた。
　この戦傷で私は被爆直後と、ボートへ引きあげられてからとの二度意識を失っている。（中略）少なくとも三十分以上は意識がなかったようである。二度目のボートの上での失神の時間は二〇分ほどだったかと思われる。そしてこの失神の間、痛いとも苦しいとも感じなかったのである。

（『「人間の医学」への道』より）

　多くの戦友たちを看取りながら、九死に一生を得た永井は、一九四四年に結婚。六月に新婚の妻とともに広島県江田島兵学校の官舎で生活を始めた。東京が未曾有の大空襲に襲われた一九四五年三月も海軍兵学校に勤務していた。八月六日に広島市街に落とされた原爆のすさまじい閃光は、江田島からもはっきりと眺められた。江田島で敗戦を迎えた永井は、戦友たちの若すぎる死を悼む中で、医師としてこれから何をなすべきか自分に問うた。その中から見つけた答えが、臨床医としての腕をさらに磨くこと、自分にしかできない何かを残すことだった。こうして敗戦の混乱する社会の中、永井は母校千葉大学医学部第二内科、堂野前《どうのまえ》維摩郷《いまさと》教授の医局に入局。内科医として新たな一歩を歩み出したことは、「序」の中で本人が記しているとおりだ。

戦後、彼は成田赤十字病院の内科医長として研鑽を積む。「よい内科医は病人を人間として、その生活全体をよくみるべき」という恩師の理念に深く影響された永井は、ていねいな診察をこころがけた。だが、患者との対話を第一に考える永井のやりかたを不効率だという批判が大きくなると、彼は大病院を離れて対話を重視した診療所を開こうと決意。東京三鷹の自宅で開業して町医者に転身した。一九五七（昭和三十二）年、三十九歳のときだった。当時は、日本がようやく戦禍から立ち直り始めたころ。永井医院は、レントゲン設備や看護婦もおかず、書斎のような診察室から第一歩を踏み出した。

永井は「死ぬときは苦しくない」という独自の理論をさまざまなところで語っている。死にいたる過程でたとえどんなことが起きようと、すべてを「あるがまま」に受け入れることができれば、従容と人生を終えることができると説く。一種の悟りにも似た心構えは、壮絶な戦争体験によって死と対峙したことから生まれたものである。

聰子もまた、東京大空襲で家族九人を失った辛い体験を、医師としての倫理観として昇華させた。彼女が、ことあるごとに投稿した多くの記事の中に、

「私にとって患者さんはあの空襲の劫火のなかで失った私の家族と同じ傷つき苦しむ者であって、とりも直さず私はその傷者の家族なのであった。少なくとも私は人を失うことの悲しみを知る医

師ではあった。それが私の医療を貫くものであった」

という文言がある。胸の奥に涙の湖をたたえている人間のほうが、他人に温かな言葉や希望に満ちた言葉をかけることができるものだ。人生への深い哲学的な思いや患者が抱く悲しみを共有する包容力は、戦中世代の医師たちの良心である。

聰子は毎年三月十日を休診日にして、墨田区横網で営まれる東京大空襲の慰霊祭に遺族として二〇一二（平成二十四）年まで参加し続けていた。あわせて、八月十五日の終戦記念日に日本武道館で催される政府主催の式典にも極力参列するようにしていた。三月十日に診察予約を入れようとした患者に対しては「ごめんなさいね、この日はお休みしなくてはならないの」とだけ告げ、長年のつきあいのある患者には「この日は供養をしなくてはならないから」とだけ話し、自身の戦争体験をほとんど語らなかった。それでも患者たちはなんとなく事情をかぎわけて「大変な思いをなさったのだ

東京都慰霊堂　ここから徒歩 20 分ほどのところに聰子の実家があった

な」と遠くから気遣っていた。

診察室で、聰子と戦争体験を話し合ったことのある数少ない患者の鶴巻光雄（八十六歳）や川上淳子（九十歳）は、どちらも町内に住み、四十年以上家族ぐるみで聰子に世話になってきた。彼らは聰子とどういった話をしたのだろうか？

「先生と私は苦しい時代を乗り越えてきた戦友ですよ。戦争を憎む気持も同じなのです」

と、ふくよかな丸顔に白髪の鶴巻は、

「だから、あの空襲でご家族を亡くしたご苦労もよーくわかるんです。よくぞ気丈にやっておられるといつも尊敬しておりました」

と話す。彼は、一九四三（昭和十八）年十月に東京の神宮外苑競技場で行われた学徒出陣式に見送る側の生徒として参加し、秋雨の中を行進する大学生たちに向かって武運を祈った。同じスタジアムに東京女子医専の生徒だった聰子もいたので、ふたりは同じ空間と時間を共有していたことになる。しかも鶴巻光雄が十五歳まで住んでいた牛込区矢来町から、聰子が寄宿をしていた東京女子医専のある河田町までは目と鼻の距離。一九四五年五月に牛込区を襲った空襲も共通の体験だったことから、互いの身の上話をするようになったらしい。

「昭和二十年三月の東京大空襲のときは、たまたま私は信州に疎開していましたので無事でした。先生からは、下町の現場に天皇が視察にいらしたとき、その周囲だけはきれいに屍体が片付けられていたと聞きました」

もうひとりの長年の患者、川上淳子はこう言った。

「先生とふたりで戦争の話をすると止まらないのです。次の患者さんがお待ちでしょうから……といっても〝いいのよ、たまには〟とおっしゃって」

同世代の彼らに、聰子は自分の体験を語り「戦争を二度と起こしてはいけない」と、必ず最後はその言葉でしめくくった。

素顔は文学少女

聰子は、自分が若いころから新聞や雑誌に投稿した掲載記事、医学会会報に寄稿したエッセイなどを大切に保存していた。文章を書くことが好きだった聰子は、依頼される記事やコラムの連載をまめに引き受けていた。一九六五（昭和四十）年ころから「実地医家のための会」の会報である「人間の医学」の編集にたずさわるようになった。寄稿のためにペンを持ち原稿用紙に向かう時間は、自分と向き合う大切なひとときだった。彼女は、ときどき原稿の中に得意の和歌を入れて日々の雑感を巧みにつづった。

一九七〇年から、聰子は朝日新聞の地方版と全国版に日々のコラムを五年間連載した。歩行器の使い方、受験生の健康管理、インフルエンザの予防法、乳幼児の注射に関する注意、外遊びのすすめ、家庭でできる視力検査などなど、小児科医、内科医の目で気づいたアドバイスを毎回五百字程度にまとめている。すでに書いたように、待合室に置く児童書はすべて聰子が自分で選んだものだったし、英語版の絵本『機関車トーマス』には聰子が自ら訳した日本語を添えた。そのせいか、この絵本は子供たちにとても人気があった。

「医師にならなかったら、母は文学の道へ進んでいたかもしれませんね。もの書きになりたかったのじゃないかな」

次男の和日子がこう話すように、聰子は子供のころから読書の虫で、女学校に入学してからは詩歌に没頭。図書館にこもっては『アララギ』、『心の花』といった歌誌を読みふけり、特に斎藤茂吉の短歌に憧れた。女学校二年生の作文の時間に自作の短歌を発表したところ、教師からうますぎると盗作を疑われ、悔しい思いをしたと、本人が語っている。

次の短歌は十七歳のころの作品だ。

かぎろひはゆらがず真日の和ぎに入る昼
こでまりは咲き満てりけり

東京女子医専に入学すると迷わず短歌部へ入り、月一度の例会で感性をさらに磨いていく。中学校時代から創作に励んできた短歌は、日々の心の支えにもなっていた。

こんな話もある。長男の眞人が美術館に行ったときのこと。帰宅すると眞人は素晴らしい絵を鑑賞してきたことを興奮気味に話した。すると聰子は、眞人と居合わせた他の子供たちの顔を眺めまわしてからこう言ったそうだ。

「あ〜あ、一人くらい、詩や和歌を読んでぶるぶる震えるようなコはいないのかしらね！」

作家の獅子文六が医師と作家を比べ、「人間というものを眺め、いじくる点では、両者共通するかもしれない、そして文士の仕事も、広義に考えれば、医者のように人間の悩みを治す目的があるのだろうか。私なぞは、眺め放し、いじくり放しである」（「人間の医学」一九六四年十一月発刊号）とユーモラスに書いている。昔から、医師兼文学者は森鷗外や北杜夫、渡辺淳一まで何人もいるし、現職の医師がエッセイを一般誌に発表するのは珍しいことではない。

文学への造詣が深かった聰子は、一九六七（昭和四十二）年から地域の医師会の広報委員を務め、一九八一年からは東京小児科医会の創立と同時に広報委員になって会報を創刊、さらに、一九八四年に日本小児科医会が設立されると、この会報の広報委員長も務め、編集に心血をそそいだ。几帳面で真面目な彼女は通信教育で校閲技能を習得し、医療関係の記事だけでなく文芸ものにも精力的に取り組んだ。そのほか、多くの医療関連雑誌や新聞にも投稿して、診察の合間を文筆の時間に割いた。しかし、限られた予算と編集に対する異論が出る中で、聰子の目指す誌面作りはなかなか思うようにはいかなかったようだ。

彼女が亡くなったあとに寄せられた医師会や同僚からの追悼文には、編集に関する思い出が多く記されている。そのどれもが、聰子の一徹さをうかがわせて興味深い。

会報は年4回発行でしたので、広報委員会は年間6、7回開かれ、皆大変忙しい方ばかりでしたがほとんど欠席される方はなく、中尾先生、委員長の前村宏先生を中心に談論風発本当に楽しい時間でした。中尾先生がそれをまとめて編集され、執筆者には丁寧な礼状を書いておられました。得意な編集も、さらに出版関係の通信教育を受け磨きをかけ、大変な編集をすべて一人でなさるなど、一日のほとんどを会報の発行に打ち込んでおられたのだと思います

（東京小児科医会報より二〇一三年十一月）

主管である会報のことになりますと、その主張されることは怜悧であり、制作上の巨細をよくご存知であり、またご自身の信念を貫くのに実に粘りっこかったと記憶しております。先生のお考えの中では「会報」は情報だけを会員に提供するだけでなく美しくなければなら

ないということが強くあったように思われます

（日本小児科医会会報より二〇一三年十月）

いくつかの団体で広報の仕事をしてこられた先生ですからそれなりの経験と自信はお持ちのはずでした。そのせいでしょうか、広報の問題になりますと、ご自身が納得なさるまで低い声で、執拗に主張したり反論したりしておられたのが印象に残っております

（日本小児科医会会報より二〇一三年十月）

聰子は生前、「東京小児科医会会報」にこんな一文を寄せている。

広報部の五年間を振り返って、内憂に加えて外憂もあった。女性管理職に対する社会の偏見はまだ根強く、それとわかりあうには実績しかなかったから、私は後輩のためにも挫けるわけにはゆかなかった。今後女性理事が輩出して活躍されることを願っている

（第十四号より）

詳しいことはわからないが、この文章からは聰子の孤軍奮闘ぶりや男性優位の医学界事情が見

え隠れする。実際、聰子はそのことでそうとう悔しい思いを何度もしていたらしく、「男性と同じことをしても評価されない」と周囲にもらしていた。

一九九七年あたりから、あれほど心血を注いで行った会報編集の役目を辞退したのは、異なる意見の調整にだんだん徒労感を覚えたのかもしれないし、体力や気力の衰えを感じたのかもしれない。さらにつけ加えれば、世代交代の必要性を自らに問うたのかもしれない。編集の仕事を若手にゆずった聰子は、今後は自分の好きな和歌をつくったり、自分史の準備にとりかかろうと思っていたのではないだろうか。

終章　無名の偉人

終わりの予兆

町医者ひとすじに地域に貢献してきた聰子にも老いがしのびよってきた。五十代のころから真っ白になった髪を染めようともせず、美容院でしっかりとセットをしたヘアスタイルはおしゃれな彼女のトレードマークになっていたが、七十代になると白髪は、〝おばあちゃん先生〟の目印になった。

そう、誰にも何にでも終わりの予兆はやってくる。

聰子が閉院を考え始めたのは二〇〇九（平成二十一）年の開業五十周年を迎えたころだったと、家族は証言している。持病による体力の低下を自覚しはじめた彼女は、診療の現場から引退して、代わりに産業医の資格をとって医療相談だけにしたいと考えていた。働き方を変えれば短歌を作ったり文章を書いたりする時間もとれるだろうし海外旅行にも行かれるだろう。残りの時間は自分のために使おう……そんなふうに考えていたようだ。

二〇一〇年十一月に、貯金、不動産、中小企業共済金、各種保険、休業補償など自分の資産をまとめた書類を持って、引退後の生活資金の相談に取引先銀行に出向いている。同行を頼まれた次男の和日子《かずひこ》は言う。

「東京大空襲後に、母は自分が家族の葬儀や父親が遺した負債のこととか金銭問題で奔走したので、家族には迷惑をかけたくないという一心で相談に出かけたのでしょう。このときすでに足の痛みが出ていて二階の会議室に上がることができなくて、一階の会議室で副支店長に対応してもらいました。医院を閉じても生活に支障がないとわかって、ようやく決心したようでした」

帰り道、銀行のある自由が丘から自宅までの昇り坂を、何度も立ち止まり、休みながらようや

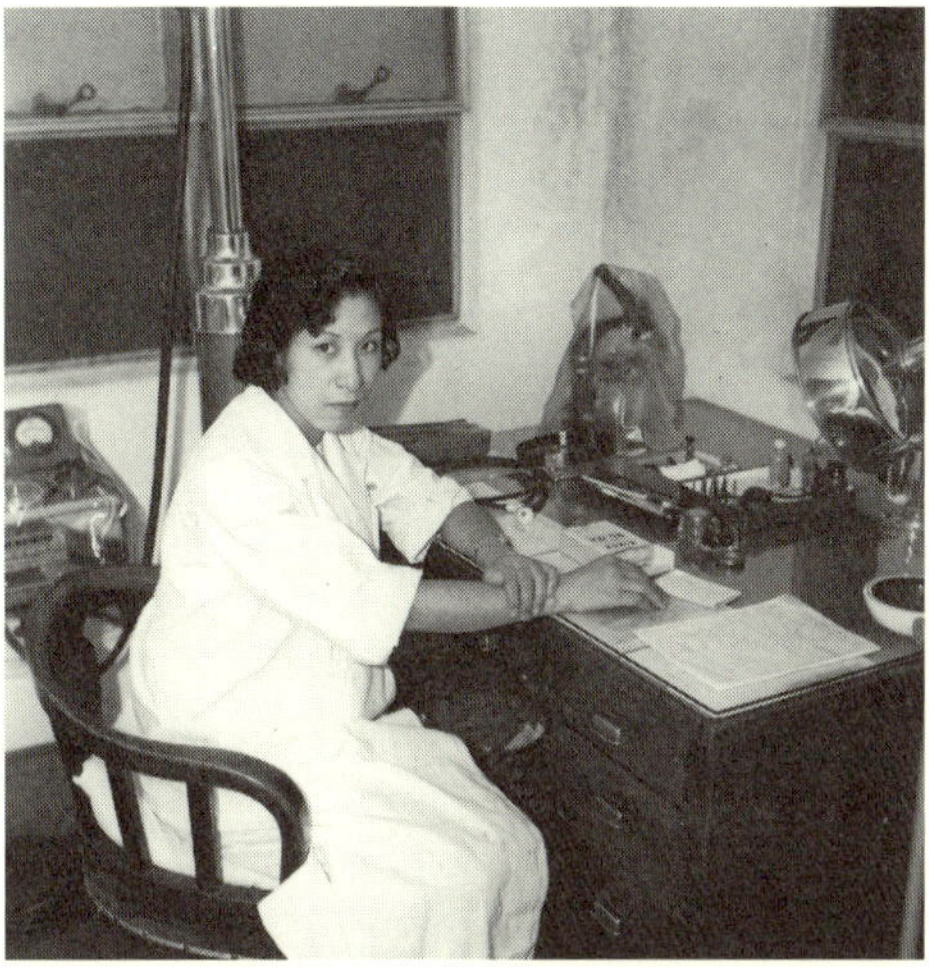

30代の自分と同じアングルで撮影
80歳代でも現役で活躍していた聴子。開業51年目。85歳

くたどりついた。本人が思う以上に体調は悪化していたのだった。

ところが、翌二〇一一年三月十一日に起きた東日本大震災が、彼女の引退計画に急ブレーキをかけた。テレビの画面で被災地の惨状を連日眺めていた聰子は、脳裏に焼き付いている東京大空襲が重なった。自分よりもずっと若い医師たちが続々と被災地へ救援に向かうことを知って「せめて自分がここでがんばらなくては！」と引退の考えをひるがえし、八十六歳の高齢をおして診療を続けると家族に告げた。

聰子は、一九九五年一月十七日に起きた阪神・淡路大震災の被害状況をテレビで見たときも「五十年前、見渡す限り地平線までもと思われた焦土に立つ私を、まざまざと思い起こさせた」と記している。東日本大震災は、さらに大きな衝撃となって彼女を襲い、ふるさとを失った東北地方の被害者に昔の自分を重ね合わせて心を痛めた。まだ自分にも何かできることがあるはずだと引退を先延ばしにしたのも、東京大空襲によって家族全員を失った無念さが甦ったからと思われる。

一時よりずっと減ったとはいえ、毎日十数人は訪れる患者を、信頼できる他の医者や病院に託すまではやめられないとも思っていた。この決断をありがたいと思った古くからの患者たちは、聰子の志を支えながら、ともに歩みを進めた。その一方で聰子は地域医療を引き継ぎ、さらには循環器系も診られる後継者を探していたが、募集をしても紹介を頼んでも、信頼して委ねられる後継者がなかなか決まらなかった。

ある日、長年医療事務を担当してきた山田ヤス子に向かって聰子は珍しく弱音を吐いた。

「腕がいうことをきかないのよ、力がはいらなくなっちゃったわ」

三年ほど前に発症した膠原《こうげん》病が悪化したらしい。膠原病とは自己免疫疾患のひとつで、その症状は臓器の血管炎、筋炎、関節炎、皮膚のトラブルなどさまざまなかたちで現れる。朝、目覚めても身体が言うことをきかず、一時間ほどかけてようやく身体を動かす毎日で、二〇一二年の九月ごろからは診察室にいつづけることがめっきりと減った。子供たちから「医者の代わりはいても親の代わりはいないのだから、もう無理しないでやめて」と何度も言われたけれど、聰子は聞き入れなかった。

　二〇一二年九月十五日に、桜蔭高等学校出身者による東京女子医科大学同窓会が開かれた。とても外出できる状態ではなかったが薬を多めに飲んで痛みをおさえ、聰子は出かけた。いつもならタイトスカートを選ぶところだが、身体のむく

医療スタッフと
後方右手が山田ヤス子

みが出てきたせいでジャンパースカートを着ていった。後日幹事から、聴子が一夜にして家族全員を亡くした話を聞いた後輩たちが驚いたこと、翌年春の会報に特別寄稿として原稿依頼をしたいという手紙が届いた。残念ながら原稿執筆にはいたらなかったが、聴子は自分が語る機会はもう限られていることを悟り、若い後輩たちに体験談を伝えたかったのだろう。

この日の同窓会の記念写真を見せてもらうと、あの凛とした雰囲気は影をひそめ、前屈みになって少し辛そうな彼女が友人に囲まれて写っていた。

入院までの日々

二〇一二（平成二十四）年の十月ごろから足のむくみがひどくなった聴子は、ゴムのゆるいソックスしかはけなくなっていた。それにもかかわらず、ぺたんこのウォーキングシューズをはこうとせず、いつもよりサイズの大きなヒール付きの靴を買いそろえるのだった。

そのうち寝室とリビングルームとの往復が辛くなり、居間のソファで寝起きをするようになる。仕事はダイニングルームのテーブルにカルテの箱を置き、すぐそばにパソコンを配置し、ここから処方薬の指示を出したり患者のために別の病院への紹介状を書いたりして過ごすようになった。処方箋や紹介状を書き上がると、インターホンで山田ヤス子を呼んでカルテとともに渡す。それを受け取り、もくもくと聰子の指示に従う山田は内心気が気ではなかったろう。この年の十一月十四日に採血をしたのが、診察室へ聰子が顔を出した最後だったと、山田は記憶している。

目に見えて体力が落ちてきたというのに、独身の悟至《さとし》のために朝食と夕食を準備し続けた聰子。ダイニングテーブルに置いたカルテを入れる箱の脇に、調味料を並べた棚や調理器具やＩＨヒーターを並べて、隣のキッチンと最小限の動線で結び、料理ができるよう工夫していた。他の三人の子供とその妻たちは毎日のように訪ねては身の回りの手伝いをしたり、手すりをつけたり、家具に工夫をして少しでも聰子が快適に過ごせるように気を配った。床に落としたものを聰子が拾いやすいようにとマジックハンドまで買いそろえた。

「母は家族のために何かしらをやっていたかったんでしょう。弟は何でも自分でできる人なのに……」

長女の温美《なごみ》はそう話すが、晩年の聰子の食事づくりに、〝母なる証明〟を感じてしまう。料理は十一月の初めごろまで続けたが、身体が動かなくなってからは悟至が母の食事を作るようになった。

診察室に行かれなくなると、母屋のリビングルームからインターフォンごしに患者の容体を聞き、薬の処方を指示していた。このころ、聰子の身体は悲鳴を上げ続けていた。山田ヤス子はため息をおさえながら、晩年の聰子の様子を語ってくれた。

「はたから見ていてもお辛そうでした。膠原病の筋炎のせいで全身に痛みが出てしまい、五、六歩の距離さえ歩けなくなっておられましたからね。それでもプレドニン（ステロイド剤）をたくさん飲んで、痛みをおさえながらお仕事をなさっていました」

山田が話すように聰子は痛みを薬でおさえようとしたのだが、だんだん薬が効かなくなって服容量ばかり増えていった。両足はむくんで少しの距離でさえ満足に歩けなくなっていた。それでも杖はつかない、車椅子には乗らない。最後までかかとのあるヒールの靴にこだわった。

そんな聰子に家族や周囲の人が手を貸そうとすると「よけいなことはしないで」と叱る。若いころから手助けされることを好まない聰子にしてみれば「手伝ってもらいたいときは言うから」放っておいてほしいのだ。だから、体調が悪くなって入院するまで自分のことは極力自分で行い、同居の悟至にもほとんど手助けを頼まなかった。次の悟至の話は深刻な状態を物語っている。

「二〇一〇年頃から体調がじょじょに悪くなっていって。万が一のことが起こってはと心配になって、二階の自分の部屋から聞き耳を立てて母の様子をうかがっていました」

それでも聰子は、周囲に不調をもらさなかった。入院前の日々を思い出すようにこんどは和日子があかす。

「がまん強いというのか、人に迷惑をかけたくない一心なのか、どんなに具合が悪くても何も言わないんです。そういう人でした、母は」

二〇一二年十二月四日。同僚の医師の紹介で都内にある某大学病院に入院が決まった。入院前夜には温美が縫った巻スカートをつけてそのままソファで座ったまま仮眠して、入院当日を迎えた。

体の痛みで着替えも困難だったし、痛みのせいで横になって寝ることもできなかったからだ。

「おしゃれな母でしたから、前夜からの服装のままで入院したのは不本意だったでしょう」

同じ女性として温美は聰子の気持に理解を示す。そうであろうと私も思う。

「中尾先生と言えばタイトスカートとストッキングとヒールです。どんな寒い真冬でもどんな時間に往診をお願いしても、いつもこのスタイルでおいでになりました」

何人もの女性患者が証言しているように、聰子は自分の装いにはっきりとしたスタイルがあった人だ。たかが服装と言うなかれ。装いは自分という人間の表れでもある。序章に書いたように、私がちらっとしか聰子と会っていないにもかかわらずその印象が強く残ったのは、とりもなおさず彼女のスタイル、美意識から、凛とした生き様が透けて見えたからである。

さて、入院の当日。迎えの車まで数メートルの距離でも歩行は見るからに困難だったのに、聰子は子供たちの手助けを断り、自分の力で歩きとおした。小さな一歩を踏み出すにも十秒ほどかけてそろりそろりと歩く様子は、気迫がこもっていた。このときばかりはローヒールをはいて。

病院に到着して主治医と面談すると、彼女は落ち着いた静かな調子でこう言った。

「一週間で退院しますから。まだ仕事が終わっておりませんので」

病室へ移るまで付き添っていた和日子が、

「そんなこと言わないで。ゆっくり身体を休めたほうがいいよ」と諭すと、

「一ヶ月も入院したら寝たきりになるわよ」と、即座に言った。

そして書類を家から運ばせて病室のベッドに座ると、患者のための紹介状を痛みをこらえながら書きだした。まるで、戦前の外交官杉原《すぎはら》千畝《ちうね》（一九〇〇～一九八六）が、リトアニアを出国する直前までユダヤ人のために〝命のヴィザ〟を発給し続けたように、聰子は紹介状を、身体が動く限り書き続けた。それを毎日交代で聰子を見舞い、身の回りを世話する子供たちと妻にたくし、山田ヤス子に届けさせた。閉院しても各患者が困らないように引き継ぎをしたのだった。

十二月半ばを過ぎると、目に見えて体力が低下し、自分で身のまわりのことをするのも難しくなった。それでもなお、聰子は閉院にあたっての諸手続きや税務問題処理の指示を出し、それらを処理するために、毎日誰かしらが病室へ通った。こうして二〇一二年の歳末が過ぎていく。

励まし励まされる日々

大学付属の病院に入院したことで、患者への対応や医師の診察態度などが、自分の流儀とはずいぶん違うと聰子は感じていたに違いない。患者とのコミュニケーションを大切にして、ひとりの人間として患者と向き合う医療を続けてきた彼女にとって、大学病院は別の世界であった。

膠原病の治療病棟に入院したため、心臓の具合を聞きたくてもすぐに対処してもらえないことに不安を抱いた聰子は「どうして、私という人間を診てくれないのかしら？」と、病院を紹介してくれた医師と話をしたがった。自分で症状を分析して弱った心臓に対する手当てをしてほしいと、和日子の妻の優子を介して主治医に訴えたりもしている。だが、大学病院ともなれば専門化が高度に進んでいるうえに縦系列のシステムができあがっているので、町医者の対応のようにはいかない。

二〇一二（平成二十四）年十二月二十七日からガンマグロブリンの投与など本格的な治療が始まったが、十二月三十一日に左心室にたこつぼ型心筋症が起こって胸痛と呼吸困難に襲われた。聰子はすぐに集中治療室に運ばれた。

二〇一三年が明けた。ようやく一般病棟に戻った聰子に、子供たちから家族全員（ひ孫十二人、孫夫婦九人、子供夫婦七人）の写真が届いた。恒例の正月の集いができなかった代わりに、家族ごとの写真を集めて作った集合写真だった。

「寝ていても見えるように、そこのカーテンに貼ってちょうだい」と、聰子はとても喜んだ。そしてベッドに横たわったまま眼を細めて、いつまでも窓辺のカーテンにピンナップした写真を眺めていた。

一月五日のことだった。十七時十三分発信の聰子からのメールが眞人《まこと》に届いた。それまでは子供たち全員にメッセージを送信していたのだが、すでに一人ひとりのメールアドレスを打ち込むだけの体力がなくなっていた。

「おめでとうございます。も最後になります。いいお正月でした、有り難う」

その二日後の一月七日、心臓の不調からくる不安感や同室の患者の声で眠ることができなくなっていた聰子に、担当医が鎮静剤を打ったところ、ようやく眠りにつけて、家族もほっとした。ところが翌日も、翌々日も聰子は目を覚まさなかった。家族は不安になり、「大丈夫なのですか？」と担当医にたずねたところ、「鎮痛剤がぬければ目を覚ますでしょう」と言われた。しかし、脳神経科医が診断した結果、脳梗塞の発症だった。以後、聰子は六ヶ月にわたってこんこんと眠り続け、意識は二度と戻らなかった。

「松の内も終わらないうちにどうしてあんなメッセージを送ってきたのだろう？　と、いくら考えても不思議です。まるで二日後に起こることを本人が予期していたみたいでした」

和日子がこう話すのも無理はない。意識不明に陥った日は、中尾医院の閉院の事務手続きがすべて終わった一週間後であった。

どんなに長くても一ヶ月ほど入院して、その後は自宅に戻って患者たちの紹介状を再び書くつもりだった聰子の決意もかなわず、最後は大病院の患者としてそのシステムに組み込まれ、思いがけぬ事態に陥ってしまったのは皮肉なことである。

最愛の家族たちは、最期の日まで手厚く母親の面倒をみた。意識の戻らない聰子でも、きっと感じてくれていると、日々のことを話しかけたり身体に触れたりしながら世話を続けた。

「私たちの誰かしらが、必ず会いに行っていました。看護師さんたちとは連絡帳をつくって、互いに気づいたことを記し、話をしたので、良い関係が築けたと思います」（眞人）

一月下旬に担当医から胃瘻《いろう》の処置を希望するかどうか家族の意思を問われ、大いに悩み話し合った。しかし、胃瘻は聰子の意思に沿わないだろうと結論を出し、残り少ない時間をすこしでも快適な場所で過ごさせようと転院させることにした。

六月十九日、救急車で世田谷区内の病院に移り、それから七月に亡くなるまでの間、毎日交代で四人の子供とその家族、孫らが見舞いに行って意識のない聰子に語りかけ、枕元で励ました。親族は聰子が安らかな寝息をたてている姿を見ると、逆に聰子から励まされた。まさにお互いが励まし励まされる日々であった。

長女の温美は、聴子が意識を失ってからの六ヶ月間、見舞いに行くたびに、こんこんと眠り続ける母の髪をなぜたりしながら話しかけた。

「母の左手の指にはタコができていました。胸に手をあててトントンと叩き続けていたから……」

そんなささいなことを発見しながら、手をにぎったりさすったり。

「意識のない母は、私が何をしても黙って受け入れてくれた」から、母親との親密な時間を誰に遠慮をすることもなく過ごすことができた。忙しい母親を幼いころから気遣って甘えることも遠慮をしていた娘が、母の体温、母の匂い、母の思い出に思い切り浸れた七ヶ月間だった。

二〇一三年七月十日。意識が戻らないまま聴子は静かに旅立った。享年八十八。最後までトレードマークの白髪は艶を失わず、血色のよい顔は眠っているままの穏やかさにあふれていた。大空襲で亡くなった懐かしい家族や愛する夫が深い夢の中に出てきて、すでに再会を果たしていたのだろうか。満足げな笑みをうっすらと浮かべていたのは、幼い昔にもどって大好きな母親に、抱いて抱いて抱きつくしてもらっていたせいかもしれない。

無名の偉人

聰子が亡くなって一周忌が近づいたころ、長年のつきあいのあった元患者や遺児たちは聰子をしのび、それぞれが次のように話してくれた。

入院時に母親につきそい、閉院の事務手続きを手伝った和日子《かずひこ》は、他人ばかりでなく子供たちにまでに迷惑をかけない生き方を貫いた母の意思を改めて強く感じたという。

「母は自分の後始末を生前にきちんとつけて逝きました。行きつけの写真館で亡くなる六年前に撮影した遺影用の写真が仏壇に用意されていたし、葬儀社のパンフレットも引き出しに置いてあった。財布には葬儀の際の電話番号を書いたカードも入っていました。だから、残された僕らは悲しみの中でもとまどうことなく葬儀ができました」

和日子によれば、このほか生命保険や相続の書類も和簞笥にまとめてあり、子供たちがすぐにわかるようきちんと保管されていたという。

「母は二〇〇〇年過ぎに仏教徒になるための修行を中尾家の菩提寺で受け、戒名と絡子《らくす》を授かっていました。それが仏壇の下に大事にしまってありました」

若いころは父母の影響でクリスチャンだった聰子。しかし、結婚してからは無宗教だと話して宗教を決めかねていた聰子が、「医光院慈園聰芳大姉」という戒名まで持ったのは、曹洞宗の中尾家の墓に入る準備だった。

「仏教に帰依したことは、自分の宗教を決めかねていると話していた母にとっては一大決心だったと思います」

と、和日子は母の気持をおもんぱかった。

聰子に家族ぐるみで健康管理をしてもらっていた野田夫妻は、感慨深げにこう語る。

「開院五十周年のときにそろそろゆっくりなさったら……とお話ししたことがあるのです。日頃から外国旅行に行きたいとおっしゃっていたので、ご自分の時間をお持ちになるように申し上げたんです。こちらとしては最期までみ届けていただきたいけれど、いくらなんでももう引退なさってよろしいのではと思いました」（野田順子）

「先生は世の中の人のためだけにご自分の生涯を使われたようで……お偉いけれどちょっと残念ですね」（野田俊明）

長男の眞人は言葉をかみしめるように語った。

「母は医師である自分を必要とし、支えてくれる人がいる限りは、身体の続く限り医師としてありたいと考えていたと思う。でも、なぜあれほどまで無理をして診察を続けたのか……。すべて理解することはできません。私たちも母を必要としていたのに」

入院の間際まで同居し聰子の様子を近くで見ていた悟至は、いつその日が訪れても不思議ではないと覚悟ができていたと話す。

「亡くなった知らせを受けて病院へ行って、眠るようにベッドに横たわった母を見て、これで母もようやく離れ離れになった人たちと再会できると、悲しみの中にも安堵のような気持を感じました。母は生前、私たちにああしろ、こうしろとは言いませんでした。そして今も何も言いませんが、私たちや患者さんたちを見守ってくれている。私なんか、どこにいても何をやっていてもしっかり母に見られていてすべてお見通し。そんな風に感じています」

最後に、長女の温美が思い出を慈しむように語る。

「亡くなるまでの七ヶ月間は、母が意識不明になったことを受け入れ、延命方法や転院問題について、弟たちと深夜まで議論したり死や生き方についても真剣に悩み考えました。毎日が葛藤の日々だったのです。でも、今から思うと、あの七ヶ月間は私にとって、母からの最後の贈り物だったような気がします」

聰子は医療界に旋風を起こすような理論を発表したり、前人未踏の手術例を数多く残した医者ではない。ただ愚直に五十三年間、人生の大半を地域医療に捧げた町医者である。だが彼女は、

「自分は悲しみを知る医者だ」と自負していただけあって、病気で苦しむすべての患者を戦火に焼かれた大切な家族と同義にとらえていた。そうした感性と倫理観をもって命に向かい合い、命をつなげようと努力を続けてきた。常に患者に寄り添って地域医療に尽くした。八十八歳の人生のうち五十三年間をプライマリ・ケア（初期総合医療）に捧げた町医者の、潔い一生であった。

この評伝を終わるにあたり、ひとこと申し上げたい。私は執筆作業を進めるうちに、中尾聰子のような人物は地域の無名の偉人のひとりだと確信するようになった。

というのは……二〇一四年、ある公費補助事業の専門委員の一人に任命され、地方自治体が中心になって展開している「ふるさとの偉人顕彰運動」を視察する機会を得た。ここで言う「偉人」とは、立身出世をして中央政府で高い地位について国のために働いたり、各界で頭角をあらわして偉業を残したふるさとの先達のことをさす。どの地方自治体も、ふるさとの偉人のために立派な記念館を建て、生家をきちんと整備保存して、子供たちの課外授業や観光資源として役立てていた。

これらの施設を見学するたびに、地元の人々が偉人に寄せる尊敬の念と、次世代にそれを伝えようとする熱意や努力に触れた気がして、たいそう感心した。

特に、小中学校でふるさとの偉人の生涯を学習することで、地域社会や国家に貢献した先達の大志が子供たちに継承され、将来の夢やふるさとへの誇りが育まれるだろう。地域から第二、第三の偉人が生まれるようにという期待もみてとれた。

だが、自治体が建てた立派な偉人館に収められた人々だけがふるさとの偉人ではない。各地で「ふるさとの偉人」顕彰活動を地道に続け、地域に知らせる努力をした人々がいる。そればかりではない、ほれぼれとする仕事を残した職人さんから個性的で博識な商店主、戦争の語り部を務めてくれている老人たちまで、私たちの生活に彩りを添え、地域に貢献してくれた普通で素敵な人々は、みな〝無名の偉人〟と呼びたい。

患者の側に常に立って町医者に徹した中尾聰子の人生。それを語り継いでいかれれば、ささやかでもきっと、将来への夢が生まれ、地域の絆が強まるのではないかと思っている。

あとがき

二〇一五（平成二十七）年は第二次世界大戦の終結から七十年目の節目にあたる。いまや戦後生まれの日本人が八割以上になり、日本がアメリカと戦争をしたことさえぴんとこない若者が増えている。彼らの祖父母、大伯父、大叔母たちが若かったあのころ、日本国民は誰もが未曾有の混乱に放り込まれ、まるでちっちゃな虫けらのように翻弄され、戦禍に人生を踏みにじられた。青年たちはふるさとからはるかに遠い異国の地で銃を持ち、ある者は国家に見捨てられて、そのまま朽ちていった。戦後生まれの日本人はそうした悲劇をともすると忘れがちだ。悲惨な歴史を受け継ぐために、自分がその時代に生きていたらどういう行動をとったかを常に考えながら、年配者の貴重な体験談を聞いたり関連書を読んだりしたいものだ。そうすることで歴史を自身に引き寄せられると、評論家の保坂正康氏も話している。

本書の主人公である中尾聰子（一九二五〜二〇一三）の、医師としての原点は先の戦争だった。一九四五（昭和二十）年三月十日の東京大空襲によって、父母から幼い弟妹まで九人が劫火に生きたまま焼かれて死んでいった。犠牲になった家族のうち、二番目の妹の國谷喜久子（享年十四）だけが空襲慰霊堂の納骨名簿に記されている。おそらく、東京都が一九四四年五月から協議していた災害時の死体収容と仮埋葬の方針によって、空襲後焦土から掘り起こされたに違いない。その際、衣服の一部が焼け残っていて喜久子のみ、かろうじて名前や身許が判明したのだろう。その他の家族は名簿に名前が見当たらないが喜久子とともに納骨されているはずだ。

戦後、聰子は東京大空襲で失われた命を新しい命につなぎながら、人間の心に寄り添う医療を貫くことに使命感を見出し、それをまっとうした。

私は、彼女のように命の大切さを痛切に知る医師、患者の悲しみを共有できる医師を尊敬する。なぜなら、大病院で名医の執刀を受けたにもかかわらず、思いがけぬ亡くなり方をした叔母、そして、いっさいの延命治療を拒否し、自宅で老衰による自然死を果たした父親。このふたつの対照的な逝き様を身近に体験し、つくづく医療とは？　医師とは？　さらにいえば死に方の美学まで考えずにはいられなかったからである。

人間の医療とは何か？

その答えのひとつがプライマリ・ケアだと思う。「患者の抱える問題の大部分に対処でき、かつ継続的なパートナーシップを築き、家族及び地域という枠組みの中で責任を持って診療する臨床医によって提供される、総合性と受診のしやすさを特徴とするヘルスケアサービスである」

このようにプライマリ・ケア学会では説明をしているが、字のごとく、「プライマリ」は「プリマ（最初、筆頭）」の派生語で、初期、基本といった意味だ。つまり、健康に関するあらゆる基本的、総合的、人間的なケアをめざす地域の保健医療福祉機能と考えてよい。

したがって、プライマリ・ケアの医師はスペシャリストというよりもジェネラリストでなくてはならないから、総合内科医と呼ばれている。彼らが地域医療の最前線に立って人々の病気予防や診察にあたれば、昔ながらの患者との関係がよみがえる。日本の町医者は、もともと人々の健康を予防的に管理してきたではないか。患者を総合的に診療して、いざというときは専門医とすみやかにつながる知識や情報、技量をもっていた。こうした医師は、病気を単に症例とみないで、患者の心の痛みや悲しみ、経済的な悩みもひっくるめて、患者の側にたって病気や逝き方を考えることができるはずだ。

思い起こして欲しい、江戸時代から、いや、もっと古い時代から日本の医者たちがどういう役割を果たしてきたかということを。もちろん外科専門医もいたろうが、大半の医者は漢方や薬草の知識を駆使して日常の養生訓を授けながら、庶民の健康を見守ってくれていた。その伝統を引き継いだ日本の町医者たちは、患者との会話を重視して、身体ばかりでなくその生活や心の持ち方にも気を配ってくれていた。本文でご紹介した永井友二郎医師が提唱した「人間の医学」とはそういうプライマリ・ケアをさしているのだ。

厚生労働省の調査によると、七十歳以上の高齢者数は二〇二五年度に二千万人を超え、二〇五五年には全人口の四分の一が七十歳以上になると予測している。現在、六割を超える人々が、老後病気になったら自宅で療養をして、近くの医療機関を利用したいと答え、病院や老人ホームでの療養を望む人は半分にも満たない。プロの介護が必要になっても、四割以上の人が自宅にいて介護を受けたいと答えているのだ。

こうした国民の声に応える地域医療体制は着々と進んでいるのだろうか？　残念ながら現状はとてもニーズに追いついていない。第一、ほとんどの医科大学で、在宅医を育てるための医療技術や予防医学、栄養学、倫理学の観点からの教育がなされていない。厚生労働省は十億円をかけて在宅医療チームの人材養成をすでに始めているが、医師の教育という根本の問題は放置されたままである。日暮れて道遠しの感がいなめない。

私たちは誰もが人間としての尊厳を保ちながら生き、そして死にゆく権利がある。今後、地域医療を担う開業医のうち一人でも多くの人材が、予防医学の観点から真の「人間の医学」を実践してほしいと願わずにはいられない。

この評伝を執筆するにあたり、故中尾聰子医師の四人のお子さん（温美《なごみ》さん、眞人《まこと》さん、和日子《かずひこ》さん、悟至《さとし》さん）には大変お世話になった。特に母上の記した記事や日記や手紙や写真などを整理しながら、的確に必要資料をまとめて提供してくださった眞人さん、表紙の装丁を担当してくださった和日子さんにはご苦労をかけた。感謝を申し上げたい。また、「実地医家のための会」を立ち上げた永井友二郎医師からは資料を提供いただいたほか、医の道をご教示いただいた。心より御礼を申し上げます。

そのほか、眞人さんの妻千賀子さん、和日子さんの妻の優子さん、稚内と枝幸《えさし》取材の際にお世話になった小野木家に連なるご親族、札幌の國谷家の皆さん、中尾医師の思い出を語ってくださった元患者の方々や医院のスタッフだった山田ヤス子さん、法恩寺でお目にかかった太平町、横川町のご親切な皆さんなど、ほんとうに多くの方からご協力をいただいた。また、本書の出版に道筋をつけてくださった元中央公論新社の平林敏男氏、中央公論事業出版の堀川博社長、編集の堤智紀さんにもお世話になった。有り難うございました。

執筆の間、遠いところから見守ってくださっていたであろう故中尾聰子医師のご冥福を、改めてお祈りするとともに、両親の世代から受け継いだ不戦の誓いを新たにしたいと思います。

二〇一五年　秋

平野久美子

中尾聴子略年譜

元号	年・月・日（西暦）	本文関連事項	世の中の動き
明治	14（1881）	父方祖父　國谷數衛 岐阜から北海道に渡る	
	25・1・4（1892）	父　國谷一武誕生（札幌）	
	27（1894）	母方祖父　小野木豊治 山形から北海道に渡る	
	33（1900）		東京女医学校創立
	36・10・2（1903）	母　小野木キサ誕生（枝幸）	
大正	5（1916）		日本医師会設立
	9（1920）	一武　東京医学専門学校　卒	
	9	一武　順天堂病院小児科勤務	
	12（1923）	一武　北海道帯広病院勤務	
	2・24	一武とキサ　結婚	
		一武　本所にて小児科医院開業	
	9・1		関東大震災
	13・4（1924）		桜蔭女学校　開校
	14・2・7（1925）	聴子誕生　本所にて	
昭和	1（1926）	聴子、気管支喘息発症	
	7（1932）	喘息治療のため世田谷へ転地	

昭和			
11（1936）		世田谷から横川橋の自宅へ戻る	
12・4（1937）		桜蔭高等女学校入学	
16・12・8（1941）			ハワイ真珠湾攻撃、太平洋戦争開戦
17・3（1942）		桜蔭高等女学校卒業	
	4	東京女子医学専門学校入学	
18・10・21（1943）		壮行会で学徒を見送る	出陣学徒壮行会（明治神宮外苑競技場）
19・11・29（1944）		空襲で横川橋の自宅罹災	東京初の夜間空襲に遭う
20・3・10（1945）		東京大空襲で家族全員（9名）を亡くす	東京大空襲 死者10万人におよぶ
		父死亡により家督相続し國谷家の戸主となる	
	3・15	聴子から和人へ家族罹災の手紙	
	3・29	北海道へ納骨の旅へ	
	4・1	札幌を経て稚内へ、7日に札幌へ戻る	
		中尾家　十条より奥沢に引越す（聴子の妹、美意子は十条の中尾宅で音楽のレッスンを受けていた）	
	4・8	札幌にて家族の葬儀を行なう	
	4・13	帰京	東京女子医専の第二寄宿舎　空襲にて焼失

元号	年・月・日（西暦）	本文関連事項	世の中の動き
昭和	20・4・14（1945）	第二寄宿舎焼失により河田町の寄宿舎に移る	
	7・14		青函連絡船がアメリカ軍攻撃にて全12隻が被害　壊滅状態
	8・6		広島に原爆投下
	8・9		長崎に原爆投下
	8・15		終戦
	8・23	中尾和人と結婚	
	9・17		東京女子医学専門学校　授業再開
	21・6・1（1946）	長女（温美）誕生	
	22・3・31（1947）	東京女子医学専門学校卒業	教育基本法、学校教育法公布
	5・3		家制度廃止
	23（1948）		母子手帳の交付が始まる
	24・1・19（1949）	婚姻届を正式に出す	
	2・7	長男（眞人）誕生	
	2・24	入籍（國谷家より離籍）	湯川秀樹、ノーベル物理学賞受賞
	25・3・22（1950）	次男（和日子）誕生	
	26・7・14（1951）	三男（悟至）誕生	

昭和		
28・2・1（1953）		NHK、テレビの本放送を開始
30・4（1955）	東京女子医科大学病院インターン（昭和31年3月まで）（子供：8歳、6歳、5歳、4歳）	現行の一円硬貨発行
31・6・19	医師国家試験合格	
9・17	医師免許証取得	
9	矢口の渡にあった小児科内科医院に勤務し実務を学ぶ（昭和34年11月まで）	
33・12（1958）		東京タワー開業
34・4・10（1959）		天皇陛下、美智子皇后陛下　ご成婚
12・4	小児科内科医院開業（奥沢にて）（子供：13歳、10歳、9歳、8歳）	
35・9・10（1960）		カラーテレビ本放送開始
38・2（1963）		実地医家のための会　永井友二郎等により発足
38〜	和田敬教授のもとで週2回循環器学　とくに心電図学を学ぶ（昭和42年まで）	
38〜	森杉昌彦医師等、開業医数名の循環器研究グループにおいて小児循環器学　殊に心音図学（小児の心音聴診）について研修（昭和56年まで）	米国、ケネディ大統領暗殺

元号	年・月・日（西暦）	本文関連事項	世の中の動き
昭和	39（1964）	実地医家のための会に参加 機関誌「人間の医学」の編集にも携わる（平成15年まで）	東京オリンピック開催、東海道新幹線開業
	40（1965〜）	先天性心疾患児の術前術後の社会適応に尽力	アメリカ軍、北ベトナムを空爆開始
	42（1967〜）	玉川医師会広報委員、他各種委員	
	43・12・10（1968）		東京都府中市で三億円強奪事件発生
	44・7・20（1969）		人類史上初の有人月面着陸
	45・1・21（1970）	校正実務講座　修了	
	3・14		日本万国博覧会、大阪千里で開催
	45〜	6年間に亘り朝日新聞紙上に小児保健に関するコラムや医事評論を執筆	冬季札幌オリンピック開催（47年）
	52（1977）		沖縄返還、沖縄県発足
	54（1979）	日本プライマリ・ケア学会評議員	
	56・11・21（1981）		東京小児科医会設立
	56〜	東京小児科医会広報部編集委員、理事（昭和63年まで）	
	58・4・15（1983）		東京ディズニーランド開園

昭和	59・5・18（1984）		日本小児科医会創立
	59〜	日本小児科医会広報委員長（平成4年まで）	
	62・8・13（1987）	和人逝去　享年72	青函トンネル完成
	10・17	東京女子医専昭和22年卒業生の会、二二会　文集『「鶩地」まっしぐら』発行（編集に参画）	
	63・3・13（1988）		青函トンネル　JR運行開始、青函連絡船80年の幕閉じる
	12	医院棟建替え新築	
	64・1・7（1989）		昭和天皇崩御
平成	4（1992）	日本小児科医会常任理事（広報部担当）（平成9年まで）	
	2・20	桜蔭高等学校で講演	
	5・6・9（1993）		皇太子殿下、小和田雅子さんとご成婚
	7・1・17（1995）		阪神・淡路大震災
	10・2（1998）		冬季長野オリンピック
	12（2000）		東京女子医科大学創立100周年
	6・16		香淳皇后崩御

元号	年・月・日（西暦）	本文関連事項	世の中の動き
	16・3（2004）		桜蔭学園　創立80周年
	21・12・4（2009）	開院50周年	
	22・6・13（2010）		小惑星探査機はやぶさ　イトカワより帰還
	23・3・11（2011）		東日本大震災
	24・5（2012）		東京スカイツリー開業
	9・15	東京女子医大晃桜会出席	
	11・30	閉院（開業53周年）	米大統領選でオバマ氏再選
	12・4	入院	
	25・7・10（2013）	逝去　享年88	

國谷家・小野木家系図

（　）内は東京大空襲での没年齢

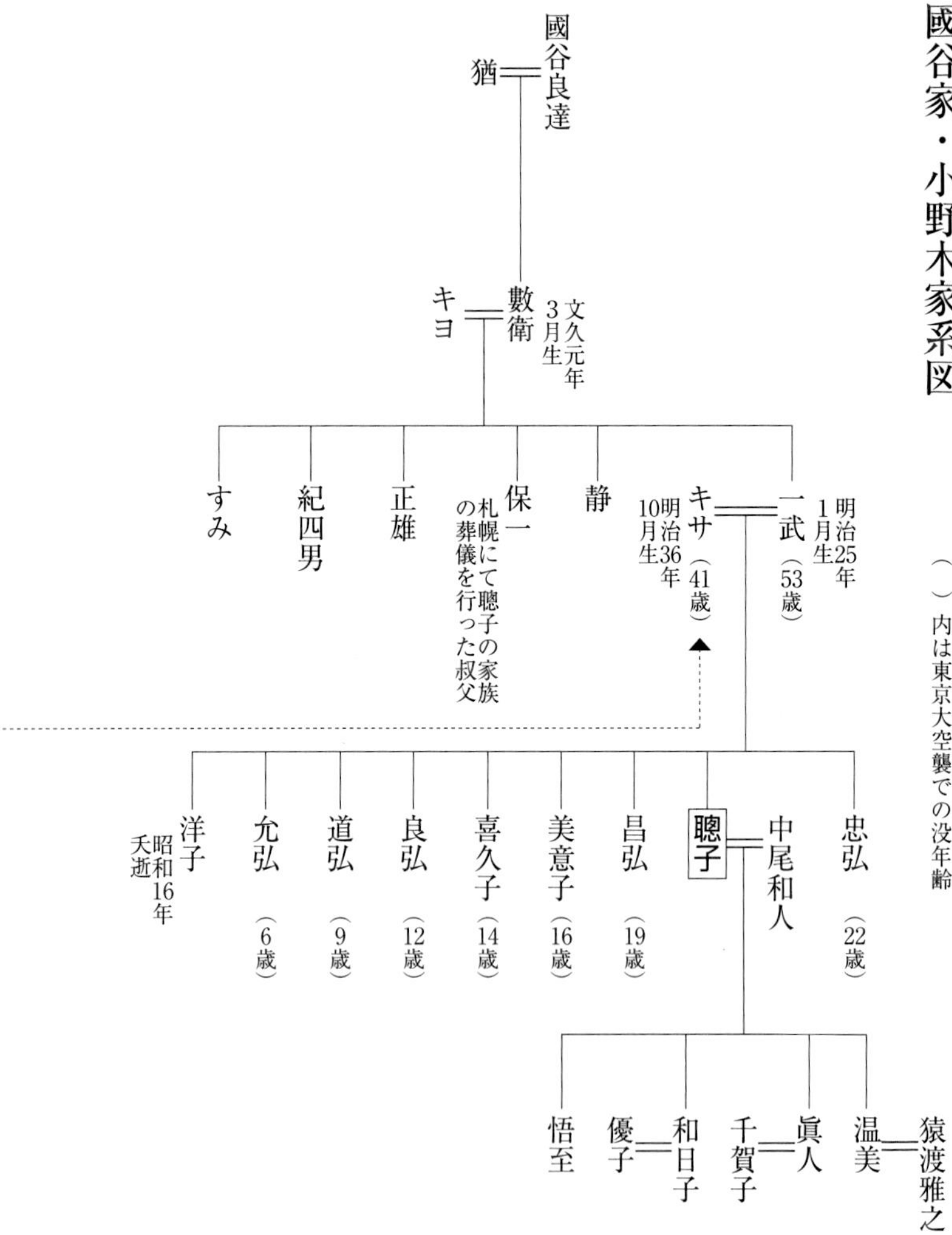

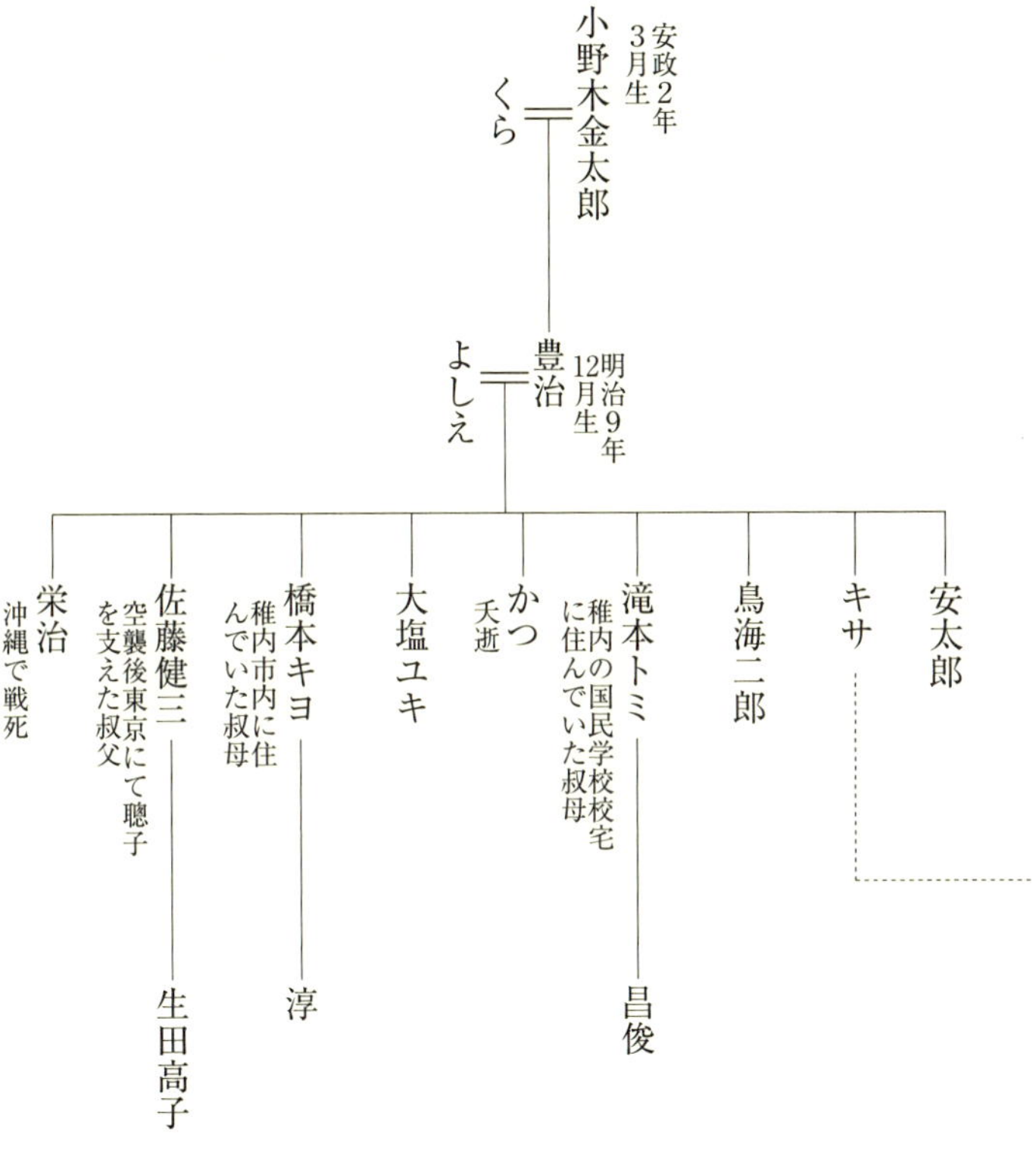

小野木金太郎
安政2年3月生
くら
豊治
明治9年12月生
よしえ
安太郎
キサ
鳥海二郎
滝本トミ
稚内の国民学校校宅に住んでいた叔母
昌俊
かつ
夭逝
大塩ユキ
橋本キヨ
稚内市内に住んでいた叔母
淳
佐藤健二
空襲後東京にて聴子を支えた叔父
生田高子
栄治
沖縄で戦死

参考資料

＊書籍

「東京大空襲・戦災史　都民の空襲体験記録集三月十日編　第一巻」東京大空襲戦災史編集委員会編　（財）東京空襲を記録する会

「東京大空襲展　炎と恐怖の記録」（財）東京空襲を記録する会　朝日新聞東京本社企画部

「東京都戦災史」東京都

「三中戦災史　両国高校百年史」創立百周年記念事業実行委員会編

「図録「東京大空襲展」—今こそ真実を伝えよう」東京大空襲六十年の会編

「炎の街　東京空襲三月十日」都教組江東支部編　鳩の森書房

「東京都航空写真地図　墨田区」創元社

「せめて名前だけでも」東京大空襲犠牲者遺族会

「本所区の人々の記録」（財）東京空襲を記録する会

「語りつごう平和の願い　—東京大空襲墨田体験記録集」墨田区

「墨田区史　前史」墨田区

「墨田区史　上」墨田区

「防空新聞」警視庁
「国民総力　七巻十三号」東京都防衛局
「昭和二十年　第一部2　崩壊の兆し」鳥居民著　草思社
「昭和二十年　第一部5　女学生の勤労動員と学童疎開」鳥居民著　草思社
「昭和二十年　第一部6　首都防空戦と新兵器の開発」鳥居民著　草思社
「昭和二十年　第一部7　東京の焼尽」鳥居民著　草思社
「昭和二十年　第一部9　国力の現状と民心の動向」鳥居民著　草思社
「昭和二十年　第一部11　本土決戦への特攻戦備」鳥居民著　草思社
「改訂版　記録　少女たちの勤労動員」戦時下勤労動員少女の会　西田書店
「時刻表」（財）東亜交通公社
「Blossoms in the wind」M.G SHEFFTALL　Caliber
「HAP ARNOLD the General who invented the US air force」Bill YENNE Regnery History
「LEMAY the life and wars of General Curtis LEMAY」Warren Kozak Regnery History
「世田谷の歴史と文化」世田谷区立郷土資料館
「北海道の歴史下　近代・現代編」関秀志　桑原真人　大場幸生　高橋昭夫著　北海道新聞社
「枝幸町史　上巻」日塔聰・枝幸町史編纂委員会編
「枝幸町史　下巻」榎本守惠・枝幸町史編纂委員会編
「小児科の上手なかかり方がわかる本」片岡正著　講談社

「赤ちゃんにやさしい病院の母乳育児指導」国立岡山病院編　メディカ出版
「小児の心臓病」原田研介編著　永井書店
「母乳が足りなくても安心」二木武ほか著　ハート出版
「人間の医学への道」永井友二郎著
「人間的な良い医療をめざして　―医学の本道プライマリ・ケア」永井友二郎編著　青山ライフ出版
「蓊地　まっしぐら」東京女子医学専門学校昭和二十二年卒業二二会編　鳥海二郎追悼集
「音跡　中尾和人追悼集」中尾秀也

＊機関誌・新聞・雑誌

「人間の医学」、「東京小児科医会報」、「日本小児科医会会報」、「こぐま園」記念誌、「東京都医師会会報誌」、「玉川医師会報」、「日本医事新報」、「メディカルダイジェスト」、「月刊地域保健」、「国民総力」、「ホームドクター」、「ホームキンダー」、「婦人之友」、朝日新聞

＊撮影

中尾眞人、中尾和日子、平野久美子

＊取材協力・資料提供

東京大空襲・戦災資料センター、東京空襲犠牲者遺族会、ひきふね図書館、墨田区歴史博物館

横川コミュニティ会館、墨田区太平一丁目宝友クラブ、法恩寺、墨田区老人クラブ連合事務局、稚内市役所、稚内市教育委員会、札幌市墓園課、鉄道博物館資料室、こぐま園、読売新聞社

有田菊枝、生田高子、伊藤昭雄、大河内喜代子、大木弘子、岡聰子、岡麻衣子、小野木秀雄、加賀美和、川上淳子、國谷香、國谷俊彦、國谷緑、佐藤多恵子、更科博子、猿渡温美（旧姓・中尾）、猿渡雅之、高塚紀子、滝本昌俊、田中千賀子、鶴巻光雄、鶴巻桂子、永井友二郎、中尾眞人、中尾千賀子、中尾和日子、中尾優子、中尾悟至、野田俊明、野田順子、橋本淳、前田多喜子、松崎美奈子、村田洋、山田ヤス子

著者略歴
平野 久美子（ひらの・くみこ）

ノンフィクション作家。

編集者を経て執筆活動へ。アジアと日本との関わりに興味を持ち、多角的に取材執筆、講演活動を続けている。

2000年「淡淡有情・日本人より日本人」（小学館）で第6回小学館ノンフィクション大賞受賞、2011年「水の奇跡を呼んだ男」（産経新聞出版）で第60回農業土木学会著作賞受賞。

主な著作に「トオサンの桜　散りゆく台湾の中の日本」（小学館）、「高松宮同妃両殿下のグランド・ハネムーン」（中央公論新社）、「台湾好吃大全」、「食べ物が語る香港史」（いずれも新潮社）、「テレサ・テンが見た夢　華人歌星伝説」（筑摩書房）などがある。

つなぐ命《いのち》 つなげる心《こころ》
東京大空襲《とうきょうだいくうしゅう》を乗《の》り越《こ》えて
無名偉人伝《むめいいじんでん》　町医者中尾聰子《まちいしゃなかおとしこ》

2015年10月9日初版発行

著　者　平野《ひらの》 久美子《くみこ》
制作・発売　中央公論事業出版
〒101-0051　東京都千代田区神田神保町 1-10-1
電話　03-5244-5723
URL　http://www.chukoji.co.jp/

印刷／理想社
製本／松岳社

ISBN978-4-89514-449-0 C0023